왕이
절박하게 묻고
신하가
목숨 걸고 답하다

김준태 지음

왕이 절박하게 묻고 신하가 목숨 걸고 답하다

책문으로 조선의 국가경영을 구상하는 법

지금 가장 시급한 나랏일은 무엇인가?

이 책은 조선시대 시행된 '과거科擧'에서 임금이 출제한 전시展試 '책문策問'과 응시자의 답안 '대책對策'을 다뤘다. 과거란 관리를 채용하기 위한 공개경쟁 시험으로, 유교 문화권인 중국, 한국, 베트남에서 거행했다. 중국에서 처음 만들어졌고 한국에는 고려 광종 때 도입되었다.

관리를 선발하는 방식이 과거만 있었던 건 아니다. 향거이선鄉擧里選, 현량방정賢良方正 등 다양한 명칭의 추천제도 존재했다. 과거처럼 단 하루의 평가로, 그것도 암기 위주의 시험으로 인재를 찾아내는 건 한계가 있다고 생각했기 때문이다.

더구나 과거는 인재에게 다가가는 게 아니라 인재가 찾아오는 걸 전제로 한다. 인재가 과거에 응시할 생각이 없다면 등용할 방법이 없다.

그렇다고 추천 선발제로 대체하기도 어려웠다. 추천제는 추천자의 주관이 큰 비중을 차지하고 청탁과 부정이 개입될 소지가 컸기 때문에, 상대적으로 객관적이고 투명한 과거가 가장 주요한 시험 방식으로 천년 넘게 이어져 온 것이다.

조선시대의 과거는 문과文科, 무과武科, 잡과雜科로 구성되었다. 잡과는 의학, 법률, 천문지리, 외국어 통역 분야의 기술관을 뽑는 시험이다. 무과는 무신, 즉 장교를 선발하는 시험으로 조선시대를 떠받치는 양대 집단이 문반(文班=동반(東班))과 무반(武班=서반(西班)), '양반兩班'이기 때문에 고려시대에는 없었던 무과를 신설한 것이다.

마지막으로 문과는 소과小科와 대과大科로 나뉜다. 소과는 다시 생원시生員試와 진사시進士試로 구분되는데, 생원시에선 유교 경전에 대한 이해 정도를 측정했고 진사시에선 문장을 짓는 실력을 평가했다. 이 두 시험은 각각 초시와 복시, 1차 시험과 2차 시험을 거쳐 합격자를 결정했다. 합격하면 사극에서 흔히 듣는 '김진사' '이생원'이 되는 것이다. 소과를 통과해야 관리 선발 시험인 대과에 응시할 수 있었다. 국가의 최고 고등교육기관인 성균관에 입학할 수 있는 자격도 주어졌다.

대과는 초시, 복시, 전시의 3단계로 진행되는데, 복시에서 서

른세 명의 합격자를 뽑았다. 다만 이때는 아직 등수가 매겨지지 않는다. 순위가 결정되는 건 최종시험인 전시에서다. 전시의 '전殿'자는 어전御殿, 즉 임금을 가리킨다.

왕이 시험장에 임어하든 아니든 임금이 직접 관장하며 인재를 살핀다는 의미를 담고 있다. 그래서 전시의 시험 문제인 '책문'도 왕이 직접 출제하는 형식을 취한다. 이 책의 제목에 '왕이 묻고'라는 표현을 넣은 이유다.

아울러 과거는 3년마다 치르는 정기 시험인 식년시式年試와 부정기 시험으로 구분되었다. 부정기 시험으로는 별시別試, 춘당대시春塘臺試, 증광시增廣試 등이 있었는데, 국가에 큰 경사가 있다든가 뭔가를 기념해야 할 때 치렀다.

이밖에 알성시謁聖試는 왕이 문묘제례를 지내기 위해 문묘를 찾았을 때 바로 뒤쪽에 자리하고 있는 성균관 유생을 대상으로 보는 시험이다. 성인聖人인 공자를 알현謁見하고 치르는 과거라는 의미에서 '알성'이라는 이름이 붙었다.

중시重試라는 시험도 있었다. 다른 시험들은 모두 관리가 되고 싶은 사람들이 보는 시험이었지만, 중시는 하급 관리를 대상으로 시행했다. 관리가 된 후에도 계속 학문을 닦으라고 권장하기 위한 시험인데, 여기서 좋은 성적을 받으면 파격적으로 승진하는 혜택이 주어졌다.

자, 그렇다면 굳이 지금에 와서 책문과 대책을 살펴보려는 이유는 무엇일까? 오래전 조선시대의 문헌이 현대의 우리에게 무슨 도움이 될 수 있을까?

책문과 대책에는 기본적으로 각 시대가 무엇을 현안으로 생각했는지, 이를 해결하기 위해 어떻게 대응해야 한다고 봤는지 고민한 내용이 담겨 있다.

배경이 되는 시대를 깊이 이해할 수 있게 도와줄 뿐 아니라, 인간의 이념과 사유가 어떻게 현실과 만나는지 또 구체적으로 어떻게 실천되는지 확인할 수 있게 한다.

대책에는 응시자 개인의 철학과 역사 인식, 현실 분석이 집약되어 있다. 개인의 사유가 정치, 경제, 문화, 행정, 복지 등 다양한 영역과 만나 확장되는 모습을 볼 수 있다.

마지막으로 대책은 응시자가 가진 지적 소양의 총체일 뿐만 아니라 '글쓰기'의 측면에서도 가장 정돈된 글이다. 과거의 최종 답안지이자 왕에게 보일 글이기 때문이다. 한문으로 작성했기 때문에 요즘과는 문법과 문체가 다르겠지만, 논리의 전개 방식과 사례의 인용 방식 등에서 글쓰기의 모범으로 참고할 만하다.

물론 조선시대인 테다가 처음 들어보는 인물도 나올 테고 낯선 개념이나 용어, 사건들도 자주 등장할 것이다. 하지만 다루는 내용만큼은 낯설지 않으리라 생각한다. 지금 우리 사회, 우리의 삶과도 직결된 문제들이기 때문이다.

그러니 책문을 철 지난 이야기로 치부하지 말고, 오늘의 우리에게도 깨달음을 주고 아이디어를 줄 수 있는 기출문제집이라고 생각해주셨으면 한다.

더불어 말씀드리고 싶은 건, 이 책에서 다루는 열여덟 편의 책문과 대책이 각기 다른 시대, 다른 주제를 담고 있긴 하지만 이 전부를 관통하는 공통의 대주제가 있다는 점이다. 바로 '수양'이다.

과거의 응시자들도 답변했듯 중용을 실천하고 정성을 다하려면 수양해야 하고, 꾸준히 학문에 힘쓰고 처음과 끝을 한결같게 하려면 수양해야 한다. 원칙을 확립하고 갈등을 조율하려면 수양해야 하고, 경청을 잘하고 간언을 수용하려면 수양해야 한다. 그뿐만이 아니다. 좋은 인재를 얻으려면, 법을 객관적으로 운영하려면, 정신의 폐단을 초래하지 않으려면, 올바른 관계를 맺으려면, 나아가야 할 때와 물러나야 할 때를 잘 판단하려면 수양해야 한다. 이 모든 일에서 수양이 요구된다.

어떤 일이든 성공하려면 객관적이고 정확한 인식 능력과 판단력이 필요하고 사사로운 욕심을 차단하고 감정에 흔들리지 말아야 하는데, 그러려면 수양이 기본 중의 기본이다.

오늘날 불확실성이 갈수록 짙어지고 사회가 변화하는 속도는 너무나 빠르다. 얼마 전까지 우리의 생활 방식이었던 것들이 코로나-19 팬데믹을 거치면서 순식간에 '올드 노멀'이 되어버렸던 일을 기억할 것이다.

어디 그뿐인가? 지금 우리는 인공지능이 이끄는 혁명의 한가운데에 서 있다. 기계가 육체의 능력을 압도하더니 이제는 인공지능이 인간의 인식능력까지 대체하려 들고 있다.

불확실성을 가중하는 건 또 있다. 기후 위기를 보자. 순차적으로 피던 봄꽃이 한데 몰아서 피었다가 저버리고, 기온과 해수면 온도는 매년 최고 기록을 경신하고 있다. 11월인데 한낮 기온이 영상 20도가 넘고 사람들이 반팔옷을 입고 다닌다.

날씨가 이렇게 변해버리면 인간과 동식물에게도 영향을 줄 것이다. 기존에는 없었던 질병이 생겨날 수도 있다. 이처럼 거대한 불확실성과 그 불확실성이 가져온 상상 너머의 변화 속에서 변화의 방향을 예측하고 미리 대응하기란 불가능하다.

상상조차 해보지 못한 미래가 언제든 펼쳐질 수 있다는 걸 전제하고, 어떠한 상황에서도 중심을 잃지 않고 나아갈 수 있도록 마음의 역량을 키우는 수밖에 없다. 수양이 필요한 것이다.

상황을 올바르게 인식하고 판단하는 힘을 길러주는 게 수양의 효용인데, 지금 그 힘이 무엇보다도 절실해졌다. 감정에 휘둘리지 않고 주관과 편견을 배제한 채 창의적이면서도 신속하고 냉정하게 대처하는 역량을 기르는 게 수양으로 얻을 수 있는 성취인데, 그 성취가 무엇보다 필요해졌다.

지금 우리에게 주어진 이와 같은 과제를 유교는 이미 오래전부터 강조해왔다. 이제부터 살펴볼 책문과 대책, 왕의 질문과 신하의 답변 속에서 확인할 수 있을 것이다.

이 책이 나오기까지 여러 도움을 받았다. 우선, 책문과 대책의 원문은 한국고전번역원의 한국고전종합DB와 규장각 한국학연구원의 원문검색서비스로 확인할 수 있었다.

한문 원전은 직접 번역하긴 했지만, 기존의 관련 번역물인 지두환 교수의 『조선과거실록』(동연출판사, 1997), 이정섭 선생의 『국역 동책정수』(국립중앙도서관, 2007), 김태완 선생의 『책문, 이 시대가 묻는다』(현자의 마을, 2015), 김학수 교수가 대표 역주한 『조선시대 시권』(한국학중앙연구원출판부, 2017)의 번역을 참고했다. 선행 연구자들께 깊이 감사드린다.

그리고 이 책은 2019년 7월부터 2023년 4월까지 〈동아비즈니스리뷰DBR〉에서 연재한 글을 보완, 확장해 엮은 것이다.

연재의 기회를 주신 김남국 소장님, 김현진 편집장님, 담당자였던 배미정 기자님, 조윤경 기자님, 장재웅 기자님께 감사의 인사를 드린다. 좋은 책으로 만들어주신 믹스커피의 김형욱 편집 장님께도 고맙다는 말씀을 전한다.

마지막으로 언제나 변함없는 사랑과 응원을 보내주시는 양가의 부모님과 아내 지영이에게 진심으로 감사한다.

아직도 많이 미숙하지만, 최선을 다한 시간과 열정이 이 책에 스며 있다.

2025년 3월

김준태

차례

1장

중도를 추구하고
시의를 찾아라

× 태종이 묻고 변계량이 답하다 ×

춘정 변계량. 조선 초기의 석학으로 오랜 기간 집현전 대제학을
맡으며 세종의 정치를 성심껏 보좌했다. 그는 1407년, 태종 7년
에 하급 관리를 대상으로 실시한 중시重試에 참여해 대책[1]을 남겼
다. 길진 않지만, 현재 거의 남아 있지 않은 태종 시대의 자료라
는 점에서 중요한 기록이다.

　먼저 책문策問을 보자. 태종의 질문이 열두 개나 되기 때문에
모두 다루긴 어렵고, 중요한 부분만 골라 소개한다.

　태종은 "당우唐虞와 삼대三代가 더할 나위 없이 훌륭한 치세를
이룩할 수 있었던 요인은 무엇인가?"라고 물었다. 이 책에서 여
러 번 등장하는데, 당우는 요堯임금과 순舜임금을 뜻하고 삼대는

1　변계량, 『춘정집春亭集』 8권, 「존심출치지도입법정제지의存心出治之道立定制之宜」; 이 시험
　에서 변계량은 장원으로 뽑혔고 당상관인 통정대부通政大夫 예조참의로 특별 승진했다.

하-상(은)-주 세 왕조를 뜻한다.

유학에서 요순은 가장 위대했던 성군聖君으로 여기고 삼대는 이상적인 정치를 펼친 유토피아로 여기는데, 삼대 중에서도 하나라의 우왕, 은나라의 탕왕, 주나라의 문왕과 무왕을 '삼왕三王'[2]이라고 부르며 높게 평가한다.

즉 태종의 질문은 옛날 성군들은 어떻게 그처럼 어진 정치를 펼칠 수 있었는지, 지금 그러한 정치를 본받아 실천하려면 어떻게 해야 하는지 질문한 것이다. 이에 대한 변계량의 답변이다.

나라를 다스리는 도리는 마음에 근본을 두고, 나라를 다스리는 법은 때에 알맞아야 합니다. 도리가 마음에 근본을 두지 않으면 정치하는 근원을 만들 수 없고, 법이 때에 알맞게 제정되지 않으면 좋은 정치를 이룩하는 도구가 될 수 없습니다. 마음을 보존해 치도治道를 창출하고 때를 따라 치법治法을 수립하는 요체는 중도中道를 견지하는 데 있으니, 중도를 견지하는 요령은 정일精一 외에는 다른 것이 없습니다.

---

2 문왕과 무왕은 부자父子지간이고 연이어 보위에 올랐기 때문에 한 사람으로 친다.

임금으로서 나라를 잘 다스리고 싶은 생각이 있다. 하지만 수양을 제대로 하지 못해 마음이 흔들리면 '다스리는 도리'를 확립할 수 없고, 현실 상황에 알맞은 법과 제도를 준비하지 못하면 '다스리는 방법'이 마련되지 못해 좋은 정치를 펼칠 수 없다는 것이다.

여기서 '마음'을 강조하는 게 추상적으로 보일 수도 있다. 당장 처리해야 할 일이 산더미처럼 쌓여 있고 해결해야 할 난제가 수두룩한데, 임금의 마음 수양이나 강조하고 있으니 한가해 보일 수도 있다.

하지만 변계량의 대책뿐만 아니라 이 책에서 소개하는 다른 대책들에서도 지겹도록 임금의 '마음 수양'을 강조한다. 그만큼 중요하다고 생각하기 때문이다.

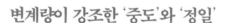

변계량이 강조한 '중도'와 '정일'

일찍이 요임금은 순임금에게 왕위를 물려주면서 중도中道를 견지하라고 당부했는데, 순임금이 우임금에게 보위를 넘길 때 추가로 부연 설명한 바 있다.

"인간의 마음은 위태롭지만, 하늘이 준 순수하고 선한 상태

변계량이 지은 『춘정집』
ⓒ한국민족문화대백과사전

의 도덕심은 은미해 잘 드러나지 않으니 정밀하고 한결같아야 진정으로 중도를 견지할 수 있다."라고 말이다. 변계량이 강조한 '중도'와 '정일'이 바로 여기에서 유래했다.

무릇 인간의 마음은 감정과 욕망의 영향을 받는다. 도덕심으로 이를 제어하지 못하면 인간은 언제든 나쁜 쪽으로 흘러갈 수 있다.

더욱이 임금, 곧 리더는 판단하고 결정하는 자리다. 리더의 선택은 공동체와 구성원의 운명을 좌우한다. 그런 리더의 마음이 객관적이고 투명하지 못하면 무엇이 옳은지 또는 그른지 판단할 수 없다.

리더의 마음이 확고하게 중심을 잡지 못하면 감정에 쉽게 흔들리고 사사로운 욕심이 개입하는 걸 막을 수 없다. 그리되면 상황을 냉정하게 인식해 최선의 판단을 내리기도 어려워진다.

한데 마음 공부는 쉽지 않다. 맹자가 "학문이란 놓치기 쉬운 마음을 붙잡는[구방심求放心] 일일 따름"이라고 말했을 정도로, 마음은 눈 깜짝할 사이에 사방팔방으로 움직이고 잠시 긴장을 푼 사이에 오만 가지 잡념으로 물든다. 따라서 '정일', 정밀하고 한결같아야 한다는 것이다.

이렇게 마음의 중심을 잡으면 중도를 견지할 수 있다. 정약용 편에서도 설명하겠지만 중도란 중용中庸, 지금 바로 여기, 최선의 지점을 말한다. 정치란 이상과 원칙을 고집하는 게 아니라 시대와 현실에 맞게 적용하는 것이다.

경영도 마찬가지다. 위대한 기업을 이끈 위대한 경영자가 있었다고 해서 그 경영자가 만든 시스템이나 그 경영자의 경영 방식을 곧이곧대로 따라야 하는가 하면, 당연히 아니다. 본받아야 할 건 경영자의 마음가짐과 태도, 경영 철학이지 구체적인 경영 방식은 그때그때 상황에 맞게 달라져야 한다.

변계량도 말한다. "신이 생각건대, 제왕이 법을 제정할 때는 반드시 시의를 따랐습니다. 각각 시대마다 그 시대의 법이 있는 것입니다. (…) 시대가 변해도 도리가 같은 건 삼왕이 다스린 정신이고, 시대에 따라 달라지는 건 삼왕이 세운 법제法制입니다."

이와 같은 인식은 다른 질문에 대한 답변에서도 찾아볼 수 있다. 태종의 "관혼상제冠婚喪祭에서 중국의 예를 따라야 하는가?"라는 질문에 대해 변계량은 "중국의 제도를 따라도 안 될 건 없지만, 반드시 옛날의 성현들이 세운 제도에 어긋나지 않으면서 시중時中을 참작해 지금의 사람들이 놀라지 않도록 해야 합니다."라고 답변했다.

당시는 조선이 건국한 직후여서 자체적인 예법이 아직 정비되지 못했다. 따라서 태종이 현행 중국의 제도를 가져와 시행해도 괜찮겠냐고 묻자, 변계량은 성현들이 제정한 예법의 가르침에서 벗어나지 않되 오늘날 조선 백성의 현실에 맞아야 한다고 대답한 것이다.

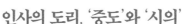

인사의 도리, '중도'와 '시의'

인사고과를 매기는 문제도 같은 맥락이다. 변계량은 벼슬한 햇수, 즉 연차에 따라 승진을 결정하는 방식을 폐기해야 한다고 주장했다.

그는 "인사 발령을 낼 때 벼슬한 햇수를 고려하는 건 옛날부터 내려온 제도입니다. 그러나 오늘에 이르러 어진 사람이나 어리석은 사람 할 것 없이 싸잡아 등용되는 원인이 되고 있습니다. 마땅히 인재의 실상을 따져 우수한 사람은 햇수에 구애받지 말아야 합니다. 그리되면 어진 사람은 더욱 권장되고 어리석은 사람은 저절로 도태될 것입니다."라고 말했다.

성현聖賢의 가르침에 따르면, 인사의 기본 정신은 훌륭한 인재를 등용해 적재적소에 배치하고 마음껏 능력을 발휘할 수 있는 여건을 만들어주는 것이다.

그런데 평가자의 편의를 위해 연차를 기준으로 하는 제도가 만들어졌다. 이는 인사의 도리에 어긋날 뿐만 아니라 많은 부작용을 양산하고 있으니 마땅히 철폐해야 한다는 것이다.

이 밖에도 토지, 수송, 부역 등 국정 과제에 관한 물음에 대해 변계량은 일관되게 '중도'와 '시의時宜'를 강조했다. 그렇다고 무조건 현실에 맞춰야 한다는 뜻은 아니다. 성현의 정신과 가르침, 요즘 말로 이상과 원칙을 현실에 대한 치열한 고민 속에서 시의적절하게 구현해 가야 한다는 것이다.

그는 "오늘날의 법제를 제정하기 위해 시의를 논하면서 세상에 아부해 중中에 미치지 못하면 얕은 곳으로 흐를 것이다."라고 경고했다.

현실에 타협하거나 사람들의 눈치를 보느라 원칙을 포기하면, 결코 좋은 결과를 얻을 수 없다는 것이다.

요컨대 근본정신을 저버려선 안 된다는 것, 동시에 반드시 현실을 담아내야 한다는 것. 중도를 구현하는 핵심이다.

변계량은 누구인가

변계량(卞季良, 1369~1430). 호는 춘정, 1382년(고려 우왕 8년) 14세의 나이로 진사시, 이듬해 생원시에 합격했으며 1385년 17세 때 대과에 급제했다. 조선 왕조가 건국된 후에는 주로 성균관, 예문관, 예조에서 활동하며 학문과 외교 분야에서 활약했다. 세종의 싱크탱크인 집현전을 총괄했으며 대제학을 20년 가까이 역임했다. 그가 당대 최고의 석학이자 문장가였다는 걸 보여준다.

2장

법과 제도를 운용할 인재가 중요하다

× 세종이 묻고 신숙주가 답하다 ×

"법을 시행하고 난 뒤에 폐단이 발생하는 건 예전이나 지금
이나 변함없는 근심거리다."

1447년 세종 29년 8월 18일, 왕은 하급 관리들을 대상으로
중시重試를 시행했다. 이 시험에서 세종이 낸 질문은 '법의 폐단'
이었다. 아무리 좋은 법이라도 단점을 가지고 있고, 또 시간이
흘러 정책 환경이 변하면 예전에는 없던 문제점이 드러나기도
한다. 이를 어떻게 해결할 수 있냐는 것이다.

세종은 몇 가지 사례를 들었다. 중국 송나라를 건국한 태조
조광윤은 당나라가 강성한 지방 세력을 제어하지 못해 멸망한
일을 거울 삼아 문민 통제를 확립하고 중앙에서 각 지방의 병력
을 일일이 관리하도록 했다. 그러다 보니 국방력이 약해졌고 적

이 국경에 쳐들어왔을 때 능동적으로 대응하지 못했다.

당나라의 태종은 신하를 예우하고자 3품 이상의 관리는 죄를 지어도 다른 죄수와 함께 구인하지 못하게 했다. 그로 인해 일반 죄수들은 자신의 정황을 이야기할 기회가 있었지만 신하는 그럴 수 없는 경우가 많았다.

후한의 광무제는 전한 시절 황제가 재상들에게 여러 차례 권력을 빼앗긴 일을 경계해 삼공三公[3]에게 아무런 실권도 주지 않았다. 그 때문에 권력은 대각臺閣[4]의 손에 들어갔다.

조선에선 고려 때 재상들이 권력을 전횡한 일을 되풀이하지 않고자 크고 작은 일 모두 임금의 재가를 받게 하고 의정부에서 마음대로 결정하지 못하게 했다. 그랬더니 왕의 비서실인 승정원이 비대해졌다. 또한 권신權臣이 함부로 인사를 좌우하지 못하도록 이조와 병조에 인사권을 나눴더니 인사를 총괄하는 자리를 새로 신설하자는 의견이 나왔다.

요컨대 문제점이 보여 제도나 규정을 바꿨더니 새로운 문제가 발생했다는 것이다.

---

3 중국 주나라에서 시작된 제도로 최고위직 재상 세 명을 둔 걸 가리킨다. 삼공에 해당하는 관직은 시대마다 달랐는데 주나라에선 태사太師, 태부太傅, 태보太保, 후한에선 사도司徒, 사공司空, 태위太尉를 삼공이라고 불렀다. 조선에서 영의정, 좌의정, 우의정의 삼정승을 둔 것도 삼공 제도에 따른 것이다.
4 감찰과 간언을 담당하는 기관이다. 조선의 경우 사헌부와 사간원이 대각에 해당한다.

세종이 이와 같은 책문을 출제한 건 당시 조선이 처한 상황과도 관련이 있어 보인다.

그때껏 세종은 북방의 여진족을 정벌해 4군 6진을 개척하고 의약 서적 『향약집성방鄕藥集成方』과 농사 교본 『농사직설農事直設』을 편찬해 백성의 삶을 윤택하게 만들었다.

조선의 하늘을 직접 관측해 우리만의 역법曆法인 '칠정산七政算'을 만들었고, 해시계 앙부일구仰釜日晷, 물시계 자격루自擊漏, 신무기 신기전神機箭을 개발하는 등 과학기술을 진흥시켰다. 다양한 서적을 간행하고 궁중 음악을 정비해 문화의 중흥을 가져오기도 했다.

그뿐만이 아니다. 백성의 복지 수준을 높였고 사회적 약자들을 보호했으며 토지 조세제도를 정비해 백성의 부담을 줄였다. 인사, 법, 행정, 의례 등 국정 전반을 혁신했을 뿐 아니라 한민족 역사상 최고의 업적이라 불리는 『훈민정음訓民正音』을 창제해 반포하기도 했다.

쉴 새 없이 달려온 지 스물아홉 해, 세종은 시력을 거의 잃는 등 건강이 매우 나빠졌다. 지난 2년 사이에 아들 광평대군과 평원대군이 연달아 요절하고 사랑하는 아내 소헌왕후가 세상을 떠나는 등 정신적으로도 큰 타격을 입었다.

지친 세종은 본인의 여정을 되돌아보고 자신이 벌여놓은 일을 마무리하려는 모습을 보인다.

이날의 책문도 그 연장선상에서 이해할 수 있다. 관성에 도전하며 수많은 제도를 개혁하고 새로운 법을 만들어 왔는데, 혹시라도 단점이 있진 않을지 부작용이 생기진 않을지 걱정한 것이다.

평소 레드팀 역할을 해준 황희, 맹사성, 허조 등의 조언에 귀를 기울이며 보완하고 또 보완했지만, 어디까지나 시행 단계에서 그리고 단기적으로 예상되는 문제에 대한 대응이었을 뿐이다. 오랜 시간이 흐르면 또 어떤 문제가 생겨날지 모를 일인 것이다.

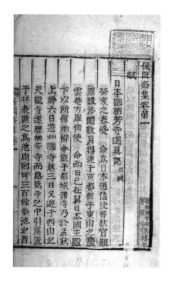

신숙주가 지은 『보한재집』
ⓒ한국민족문화대백과사전

세종은 그와 같은 우려를 책문에 담았다. 자신이 만든 법과 자신이 개혁한 제도가 폐단을 낳지 않고 오래오래 지속되길 바라면서 말이다.

이러한 세종의 물음에 대해 네 사람의 답안지가 전해진다. 신숙주, 성삼문[5], 이석형[6], 김담[7]이다. 이 중 성삼문과 신숙주가 대중에게 잘 알려져 있는데, 성삼문의 답안은 임금이 마음의 중심을 잡고 수양에 힘쓰면 다 해결할 수 있다는 원론적인 내용이므로 보다 구체적인 신숙주의 답안[8]을 살펴보고자 한다.

법과 인사에 관한 신숙주의 답변

신숙주는 "법에는 폐단이 없을 수 없으니, 마치 오성육률五聲六律에도 음란한 음악이 들어 있는 것과 같습니다."라고 했다. '오성'이란 '궁·상·각·치·우'의 다섯 가지 음, '육률'은 전통 음계인 십

---

5 사육신의 한 사람으로 단종 복위 운동을 펼치다 실패해 처형당했다. 세종 때 집현전 학사로 활약했으며 이 시험에서 장원을 했다.
6 황해도 관찰사와 판중추부사를 역임했다. 1441년 문과에 장원으로 급제했으며, 이 시험에선 7등을 했다.
7 이순지와 더불어 당대 최고의 천문학자로 꼽힌다. 이조판서, 중추원사 등을 지냈다. 이 시험에선 차석을 했다.
8 신숙주,『보한재집保閑齋集』13권,「치사병예대신분정권복정방置仕兵禮大臣分政權復政房」.

이율 중 양성陽聲 여섯 소리를 말한다.

요즘도 사용하는 '음률'이라는 단어가 여기서 비롯된 것으로 '오성육률'은 세상에 존재하는 소리와 가락, 즉 음악 전반을 뜻하는 말로 이해하면 된다. 음률 안에 음란한 소리가 들어 있듯 법에도 폐단이 내재해 있다는 것이다.

법은 애초에 모든 경우의 수를 반영하지 못하는 데다 시대와 환경이 달라져도 고정되어 있기 때문이다. 그래서 좋은 뜻에서 만든 법이 얼마 지나지 않아 단점을 노출하고 문제를 일으키고 마는 것이다.

그렇다면 어떻게 대응해야 할까? 우선은 기본을 잘 지켜야 한다. 후한 때 재상의 실권을 빼앗았더니 대각의 권력이 강해지고, 조선에서 왕의 재결을 강화했더니 승정원이 비대해진 문제에 대해 생각해보자.

국정이 원활하게 굴러가려면 군주와 재상, 대각과 승정원이 각자 맡은 역할과 소임을 다해야 한다. 한데 어느 한쪽에 힘이 쏠려 문제가 생겼다는 이유로 힘을 빼버리거나 견제한답시고 상대 쪽에 힘을 실어주면 또 다른 폐단이 발생할 수밖에 없다.

신숙주는 군주가 마땅히 재상을 의지하고 대신에게 합당한 권한을 위임해야 하는데, 삼공을 유명무실하게 만들고 대각에게 권력을 넘겨줬으니 광무제의 명백한 실책이라고 지적했다.

조선의 경우도 "정사를 제멋대로 결정하는 폐단을 막으려면 크고 작은 일을 반드시 의정부를 거치게 하고 승정원은 삼가고 경계토록" 해야 한다고 주장했다. 왕의 비서실인 승정원이 막강해지면 승지들이 전횡을 휘두르고 월권할 가능성이 높다. 권한과 책임의 소재가 모호해지면서 국정에 좋지 못한 영향을 준다. 신숙주는 왕의 재결이 강화되었더라도 최고 행정기관인 의정부가 제 역할을 한다면 승정원이 비대해지는 폐단을 막을 수 있다고 생각했다.

인사 문제도 같은 맥락에서 이해할 수 있다. 이조와 병조가 각기 문관과 무관 인사를 전담하며 힘이 세졌으니 이를 견제하고자 별도의 인사 업무 총괄 기구를 만든다고 가정해보자.

인사권이 특정 기구나 특정인에게 집중되면 인사 농단이 벌어지기 쉽다. 애초에 이를 막으려고 인사권을 이조와 병조로 나눠준 것이니 도로 아미타불인 셈이다.

신숙주는 절차에 맞게 인사가 투명하게 이뤄지고 인사권이 남용되지 않도록 견제 장치를 마련한다면 현재의 시스템을 유지해도 충분하다고 봤다. 아울러 법을 제정한 취지를 잊지 말아야 한다. 신숙주는 다음과 같이 말한다.

사병의 폐단을 혁파하려면 후한 광무제와 송 태조가 줄기를 강하게 하고 가지를 약하게 만든 뜻을 본받아 적절한 방법으로 사기를 진작시켜 나태하지 않게 해야 합니다. 대신을 낮추고 모욕하는 폐단을 혁파하려면 당 태종과 가의가 대신을 존중한 뜻을 본받아 애매한 옥사의 심리를 신중히 함으로써 간사함과 거짓이 불어나지 않게 해야 합니다.

그들은 무엇을, 왜 바꾸고자 했는가

후한 광무제, 송 태조, 당 태종이 무엇을 바꾸고자 했고 왜 바꾸고자 했는지, 문제의식에 주목하라는 것이다. 그들이 새로운 법을 만든 이유를 잘 이해하고 기저가 되는 근본정신을 계승해야지, 겉으로 드러난 모습만 답습하면 폐단이 생길 수밖에 없다. 그들이 놓였던 상황과 지금의 상황은 다르기 때문이다.

신숙주가 보기에 뭐니 뭐니 해도 중요한 건 사람이다. 좋은 제도를 만들고 법을 잘 지키는 일도 필요하지만, 그 제도와 법을 제대로 운용할 수 있는 인재가 있어야 한다.

신숙주는 송 태조가 지방 군벌이 가진 군권을 거둬들였기 때문에 국경 방어 능력이 약화된 측면이 없진 않지만, 그 때문에 송나라가 몰락한 건 아니라고 봤다.

그는 "휘종과 흠종 때 채경이 재상이 되어 새파란 애송이를 줄줄이 세워 장수로 삼고 스스로 돌아볼 줄 모른 채 방자하게도 강한 적을 함부로 건드렸으니, 설령 외방이 약하지 않았더라도 어찌 쇠락하지 않았겠습니까?"라고 말한다.

채경은 휘종 때 16년간 재상을 지낸 인물로 무능과 탐욕으로 나라를 위기에 빠뜨린 간신이다. 이런 사람이 신하들의 우두머리로 있으니 설령 군사력이 강했더라도 소용없었으리라는 것이다. 또한 신숙주는 후한에서 삼공에게 실권을 주지 않은 건 광무제의 실책이 분명하지만, 유능한 인물이 삼공이 되었다면 후한의 상황은 달라졌을 거라고 주장했다. 그만큼 인재의 역할이 중요하다는 것이다. 신숙주의 말을 보자.

법의 폐단을 예방하고 다스리는 근본은 반드시 적임자를 얻어 임무를 맡기는 데 달려 있으니, 적합한 인재가 있는데도 쓰지 않거나 쓰더라도 말을 따르지 않거나 말을 따르더라도 마음을 다하지 않는다면 비록 법을 하루에 백 번 바꾼들 무슨 도움이 되겠습니까?

법이나 제도, 정책은 언제든 폐단을 낳을 수 있다. 내재한 한계 때문이기도 하고 세상의 변화를 따라가지 못해서이기도 하다. 그렇다고 폐단이 생길 때마다 바꿔버리는 건 해결책이 될 수 없다. 오히려 혼란만 가중된다.

폐단을 이유로 기존의 법제를 폐지하고 새로운 법제를 만들고자 한다면, 그 전에 먼저 기본 원칙을 지켰는지 입법 취지를 계승하고 있는지 확인해야 한다. 그리고 법제를 올바르게 운용할 인재가 배치되어 있는지 점검해야 한다.

이 세 가지가 전제된다면 폐단의 상당수는 자연히 예방될 것이고, 이 세 가지가 전제되지 않았다면 아무리 좋은 법을 만들어도 생명력이 오래가지 못할 것이다.

신숙주는 누구인가

신숙주(申叔舟, 1417~1475). 자는 범옹泛翁, 호는 보한재保閑齋로 명재상이라 불릴 만큼 국정 전 분야에 걸쳐 탁월한 업적을 남겼다. 집현전 학사 시절 세종의 총애를 받았고, 오랜 기간 예조판서를 맡아 국가의 외교를 책임졌다. 세조와 성종 대에 영의정을 역임했으며, 일등 공신으로 세 번, 이등 공신으로 한 번 봉해질 정도로 권력의 중심에 서 있었다. 다만 단종을 외면하고 수양대군의 편에 서면서 변절자로 비판받기도 한다.

3장

인재를 대하는 리더의 올바른 자세

× 세종이 묻고 강희맹이 답하다 ×

1447년, 세종 29년 음력 8월에 열린 별시別試에서 왕은 인재를 등용하고 분별하는 방법에 대해 질문했다. 어떤 공동체든 인재는 꼭 필요한 자원이다. 망하든 말든 상관없다면 아무나 있어도 되겠지만, 조직의 규모를 키우고 경쟁력을 높이며 추진하는 사업들을 성공시키겠다면 이를 맡아 진행할 인력이 질적으로 우수해야 한다. 시스템이 아무리 잘 구축되어 있고 훌륭한 프로그램이 마련되어 있다고 해도 제대로 운영할 사람이 없다면 소용이 없다.

하여 동서고금을 막론하고 리더들은 유능한 인재를 확보하기 위해 총력을 기울였다. 하지만 인재는 내가 뽑고 싶다고 뽑을 수 있는 게 아니다. 가만히 있는데 인재가 알아서 찾아오지도 않는다.

실력이 있는 사람을 발굴해야 하고, 그에게 적합한 업무를 부여해야 하며, 마음껏 능력을 발휘할 수 있는 환경을 조성해줘야 한다. 그래야 비로소 '인재'라는 이름에 걸맞은 성과를 낼 수 있다. 리더의 세심한 주의와 노력이 필요한 것이다.

그렇다면 이와 같은 임무를 자각한 리더는 인재 등용에 성공할 수 있을까? 세종은 다음과 같이 말한다.

임금이라면 누군들 인재를 뽑아 등용하고 싶지 않겠냐마는 그럴 수 없는 세 가지 경우가 있다. 첫째, 임금이 인재를 알아보지 못할 때. 둘째, 인재를 알아도 쓰려는 마음이 절실하지 못할 때. 셋째, 인재와 뜻이 서로 맞지 않을 때. 현명한 인재라도 자신을 써줄 임금을 만나지 못하는 세 가지 경우가 있다. 첫째, 임금과 통하지 않을 때. 둘째, 임금으로부터 공경받지 못할 때. 셋째, 임금과 뜻이 서로 맞지 않을 때.

인재를 발탁하고 싶은 임금이 있고 관직에 나아가 포부를 펼치고 싶은 인재가 있더라도, 두 사람이 곧바로 한 팀이 될 수 있는 건 아니다.

임금에겐 인재를 알아보는 안목이 있어야 하고, 인재를 중용하겠다는 진심이 있어야 하며, 혹시라도 인재와 생각이 다를 땐 조율해 합의점을 찾을 수 있어야 한다.

인재는 임금과 소통하는 통로가 막혀 있거나 임금으로부터 합당한 존중과 예우를 받지 못하면 그 자리에 머무르지 않는다. 이 점도 각별히 마음을 써야 좋은 인재와 함께 일할 수 있다.

아울러 이러한 제한 사항을 모두 극복해 인재를 쓸 수 있게 되었더라도, 인재를 잘 분별해 적재적소에 배치하는 일은 또 다른 과제다. 세종의 말을 빌리면 "인재의 종류는 여러 날에 걸쳐 밤낮을 가리지 않고 말한다고 해도 이루 다 말하기 어렵기" 때문이다.

인재의 유형이 매우 다양한 만큼, 인재를 어떻게 관리할지 또 인재의 역량을 어떻게 최대화할지 세심하게 고려해야 한다. 세종은 어떻게 하면 다양한 종류의 인재들을 잘 분별해 쓸 수 있을지, 그 방안에 대해서도 질문했다.

인재를 분별해 등용하고 쓴다는 것

여기에 대해, 장원으로 급제한 강희맹의 대책[9]을 보자. 그는 세종이 말한, 임금이 인재를 쓸 수 없는 세 가지 경우에 대해 다음과 같이 설명했다.

강희맹이 지은 『사숙재집』
ⓒ한국민족문화대백과사전

　먼저, 임금이 인재를 알아보지 못하는 경우다. 강희맹은 두 가지 예를 들었다. "지위와 명망이 두텁지 않고 멀리 떨어져 있어 본래부터 책임을 맡기고 일을 시킬 필요가 없다고 여기거나 너무 가까이에 있어 대수롭지 않게 보는 걸 말합니다."

　A라는 기업이 있다고 하자. 이 기업의 CEO가 신규 프로젝트를 이끌어 갈 적임자를 찾는다면 경영전략실 등 주요 부서 소속 직원이나 미리 만들어놓은 사내 핵심 인재 명단을 확인할 것이다. 본사에서 수백 킬로미터 떨어진 지사나 힘없는 부서의 직

9　강희맹, 『사숙재집私淑齋集』 6권, 「육재변재용재지도育才辨才用才之道」.

원들은 아예 검토조차 하지 않을 가능성이 높다. 거기에 보석 같은 인재가 있을 수 있는데도 말이다.

너무 가까이에 있어도 문제다. 등잔 밑이 어둡다는 말처럼, 내가 이 사람을 잘 알고 있다는 착각과 선입관 때문에 오히려 그의 능력을 제대로 알아차리지 못할 때가 많다.

따라서 임금은 기회조차 얻지 못한 채 사장되는 인재가 없도록, 멀리 그리고 가까이 있는 사람들을 면밀하게 살펴야 한다는 것이다.

다음으로 인재를 알아도 쓰려는 마음이 절실하지 못한 경우에 대해 강희맹은 "임금이 인재가 가진 능력을 평범하게 여기고, 인재에 대한 주위의 평가를 제대로 살피지 않으며, 등용했으되 의심을 품거나 일을 맡기되 전담시키지 않는 것"이라고 풀이했다. 뛰어난 인재인 것 같아 발탁하긴 했지만 그를 제대로 쓰겠다는 마음은 부족할 수 있다는 것이다.

다른 사람들에게 '내가 이렇게 인재를 중시하고 인재 발굴에 힘을 기울인다'라는 걸 보여주고 싶을 뿐, 인재를 어떻게 쓸지 아무 계획이 없는 것도 여기에 해당한다. 절실하다면 인재의 역량을 자세히 살피고 객관적으로 검증한 뒤, 인재가 능력을 발휘하도록 권한과 기회를 줘야 한다.

한데 그가 무엇을 잘하는지 또 그의 능력이 어떤 가치가 있는지도 모르고 있다면, 아니 애당초 알려는 마음이 없다면 그는 있으나 마나다.

마지막으로 인재와 뜻이 맞지 않는 경우란 무엇일까? 그가 좋은 인재라는 걸 알고 있고 그가 가진 능력에 대해서도 잘 파악하고 있다 해도, 임금과 인재 두 사람이 꼭 힘을 합칠 수 있는 건 아니다.

강희맹은 "임금이 도덕에 뜻을 두고 있으면 공명功名을 말하는 인재를 저속하다고 할 것입니다. 만약 임금이 공명에 뜻을 두고 있으면 도덕을 말하는 인재에 대해 시대에 뒤떨어진다고 평가할 것입니다."라고 했다.

리더는 자신의 비전을 실현해주고 자신의 뜻을 따라줄 인재를 좋아하기 마련이다. 임금과 인재가 지향하는 바가 다르고 선호하는 방법론에서도 차이가 있다면 두 사람은 함께하기 어렵다. 심지어 그릇이 좁은 임금은 그런 인재를 배척할 것이다.

따라서 임금은 주관적인 호불호를 버리고 가능한 객관적이고 "다양한 기준을 가지고 인재를 존중해야" 한다는 게 강희맹의 생각이다.

"임금의 마음에 맞는 사람만 등용하고 생각이 다른 사람을 버린다면" 인재풀 자체가 크게 좁아질 것이고, "사람들은 결국 임금이 좋아하는 것에 자기를 맞추려 들 것"이며, "임금이 숭상하는 게 무엇인지 살펴 임금의 욕구를 충족시키는 일에 매달릴 것"이기 때문이다.

인재를 등용하는 방법에 대해 답변한 강희맹은 인재를 분별해 쓰는 문제에 대해서도 답변을 이어갔다. 그는 "사람은 형상과 모습이 만 가지로 다르고 좋아하는 것과 바라는 게 만 가지로 구별됩니다. 저마다 지혜로움과 어리석음, 현명함과 부족함, 어두움과 밝음, 강함과 약함이 서로 다릅니다. 그러니 이 모든 차이를 바로잡아 인격을 완전하게 만든 후에 그를 등용하고자 한다면, 설령 요순과 같은 임금이 다시 나타난다고 해도 불가능할 것입니다."라고 말한다.

인재를 뽑아 임무를 맡길 때 망설이는 지점은 보통 그가 가진 단점 때문이다. '일은 잘하는데 성격이 안 좋아' '이 업무만 잘하고 다른 일들에는 소질이 없어' '정직하고 성실한데 일 처리 능력이 떨어져' '고집스러워' '아부를 잘해' '자기 주장이 너무 강해' '본인 생각만 옳다고 여겨' '사회성이 부족해' 등. 이런저런 단점 때문에 주저한다.

그러나 모든 인재를 다 완벽하게 만들어 이끌어 가는 건 요임금이나 순임금 같은 위대한 성군에게도 불가능한 일이다. 강희맹은 이어 다음과 같이 주장했다.

대저 세상에 완전한 재주란 없습니다. 적합한 자리에 그 재주를 쓰게 하소서. 모든 일을 다 잘하는 사람도 없습니다. 맡은 바 일에 능력을 쓰게 하소서. 단점을 버리고 장점을 취한다면 탐욕스러운 사람이든 청렴한 사람이든 다 부릴 수 있습니다. 하자를 지적하고 허물을 적발하려 든다면 현명하고 능력 있는 사람이라 할지라도 벗어나지 못하는 법입니다. 그러니 누구는 쓸 수 있고, 누구는 쓸 수 없다고 말할 수 있겠습니까? 오로지 재능만 우선해선 안 됩니다. 잘하는 바를 취한다면 어떤 사람이든 쓸 수 있습니다. 어리석은 사람을 바꿀 순 없더라도 그 단점을 보완해준다면 어떤 사람이든 쓸 수 있습니다.

장점을 취한 뒤 단점을 보완하라

이 세상에 완벽한 사람이란 없다. 누구에게나 단점이 있고 부족한 점이 있다. 인재가 완벽하길 바라고 단점이 없길 바란다면 세상에 쓸 수 있는 인재는 하나도 없을 것이다.

공동체에 아무런 도움이 되지 않고 해악만 끼치는 사람이라면 당연히 주저하지 말고 내쳐야겠지만, 나라와 백성에게 보탬

이 되는 장점을 가지고 있다면 어떻게든 그 장점을 취해야 한다. 그래야 보다 많은 인재를 활용할 수 있고, 인재가 공동체를 위해 역량을 빠짐없이 투입할 수 있다.

그렇다고 단점에는 눈을 감아도 된다는 뜻은 아니다. 강희맹은 "탐욕스러운 사람은 청렴하도록 바로잡고 유순한 사람은 강하도록 바로잡아야 합니다. 일을 벌이기 좋아하는 사람은 사사로운 지혜를 물리치게 하고 자기만 옳다고 여기고 자기의 재능만 믿는 사람은 거만한 마음을 꺾어야 합니다."라고 강조했다. "학문을 익히진 않았으나 마음이 정직한 사람, 우직하나 아는 게 부족한 사람, 지조가 있으나 재능이 없는 사람은 단점을 덜어낼 수 있도록 교양을 갖추게 해야 합니다."라고도 했다.

사람의 장점을 취하라는 말은 단점으로 인해 능력을 사장하지 말라는 것이지 장점만 있으면 괜찮다는 뜻이 아니다. 장점을 취한 뒤에는 반드시 단점을 보완하고 바로 잡아야만 인재가 제 역할을 할 수 있다. 그래야 인재와 리더, 인재와 공동체의 상호 발전도 가능해진다는 게 강희맹의 생각이다.

예나 지금이나 리더들은 "요즘 인재가 없다"라는 말을 입에 달고 산다. 하지만 인재는 언제나 존재했다. 단지 리더가 인재를 알아보지 못하고 인재로써 쓰지 못했을 뿐이다.

강희맹이 지적한 것들, 사각지대에 놓인 인재에게 관심을 가지라는 것, 주관이나 선입관을 배제한 채 인재의 진면목을 보라는 것, 인재가 능력을 펼칠 수 있도록 권한과 기회를 주라는 것, 리더가 선호하는 바를 인재에게 강요하지 말라는 것, 인재의 장점을 북돋워주고 단점을 바로잡아주라는 것 등은 오늘날 우리도 유념하고 조심해야 할 부분이다.

지금 인재가 없다고 불평하는 조직과 그 조직의 리더들은 이 점부터 반성해보면 어떨까?

 ## 강희맹은 누구인가

강희맹(姜希孟, 1424~1483). 호는 사숙재私淑齋, 시호는 문량文良으로 문장과 서화에 모두 뛰어났다. 화가로 이름을 날린 강희안이 그의 형이다. 1447년에 열린 별시 문과 시험에 장원으로 급제했고, 행정 능력이 탁월해 예조판서, 이조판서, 좌찬성 등 고위 요직을 두루 역임했다. 세종이 이모부이며 문종, 세조와는 이종사촌 사이로, 대대로 왕실의 돈독한 신임을 받았다. 연산군이 어렸을 때 강희맹의 집에서 지낸 적도 있다.

4장

인재 선발보다 인재 육성이 먼저다

× 연산군이 묻고 이목이 답하다 ×

1495년, 연산군 1년에 열린 문과 증광시增廣試에서 꼿꼿한 선비로 명성이 높았던 이목이 장원을 차지했다.

이 시험에서 연산군은 "듣건대, 인재는 국가의 이기利器[10]라고 한다. 예로부터 제왕이 훌륭한 정치를 이룰 적에 인재를 얻는 걸 급선무로 삼지 않은 적이 없었다."라고 전제하고 주나라의 '향거이선鄕擧里選', 한나라·위나라의 '현량방정賢良方正', 수나라·당나라의 '과거科擧' 등 역대 중국 왕조에서 시행한 인재 선발 제도를 평가하라는 문제를 냈다.

그러며 조선이 다양한 선발 방식을 도입하고 있는데도 인재가 부족하다고 느껴지는 이유가 무엇인지, "어떻게 해야 어진 인

---

10 쓸모 있는 재능 혹은 그런 재능을 가진 사람.

재가 등용되어 나무가 무성하듯 울창하게 세상을 위해 쓰이고 국가의 다스림을 도울 수 있는지" 그 방법을 이야기해보라고 요구했다.

여기서 '향거이선'과 '현량방정'은 추천을 통해 인재를 등용하는 제도다. 세부적인 운용 방법에선 차이가 있지만, 고을 수령으로부터 인재를 천거받아 일정한 검증을 거쳐 관리로 임용하는 기본 뼈대는 같다. 중앙에서 전국에 산재한 인재를 모두 찾아내기란 불가능하므로 고을 수령의 힘을 빌리겠다는 것이다. 고을 수령은 가까운 거리에서, 충분한 시간을 두고 인재의 인성과 역량을 관찰해왔을 테니 말이다.

하지만 추천제에는 추천자의 주관이 개입되거나 부정이 발생할 소지가 컸다. 그래서 공개경쟁 채용시험인 '과거'가 시행된 것이다. 과거는 응시자들이 정해진 날짜에, 정해진 장소에서, 공개적으로 시험을 치르고 평가받게 함으로써 공정성과 객관성을 강화했다.

그러나 학문을 성장시키는 게 목표가 아니라 좋은 성적을 받고자 공부하게 만든다는 점, 공부의 내용이 암기와 문장력에 치중되어 있다는 점, 단 한 번의 평가로 결과가 정해진다는 점에서 과연 과거만으로 좋은 인재를 빠짐없이 찾아낼 수 있겠냐는 회의가 일었다. 실제로 과거시험을 거부하는 인재도 많았다.

이에 조선은 공개채용과 추천제를 모두 채택함으로써 각 제도가 가진 단점을 보완하고자 했다. 과거를 근간으로 하되 추천제인 '보거(保擧)' 법을 도입한 것이다. 고을 수령이 인재를 추천하면 관찰사가 추려 조정에 천거하는 방식이다. 재상급 고위 관리가 하급 관리를 추천하기도 했다. 하지만 보거는 별다른 효과를 보지 못했고 여전히 고질적인 인재 부족에 시달렸다.

연산군은 그 원인이 "인재를 찾으려는 노력이 미진해 버려두거나 빠트린 인재가 있어서인가?"라고 묻는다.

향거이선과 현량방정

이 책문에 대해 이목이 답변[11]한 내용을 살펴보자. 이목은 우선 주나라의 '향거이선' 제도에 관해 설명했다.

> 신이 보건대, 옛날 주나라에는 가家에 숙塾, 당黨에 상庠, 술術에 서序, 국國에 학學이 있어 가르치지 않는 이가 없었고 학교가 아닌 데가 없었습니다. 또 향대부鄕大夫[12]가 때마다 노인과 젊은이들을 이끌고 향음주례鄕飮酒禮와 향사례鄕射禮를 가르치고 중앙에서 만든 법령을 백성에게 읽어주며 토론했으니, 누구 할 것 없이 예의禮義의 은택에 감화되며 서序에서 학學으로 또 향鄕에서 사도司徒에 올랐습니다. 하루아침에 오르는 게 아니고 한 번에 선발되는 게 아닙니다.

낯선 단어들이 나와 어렵게 느껴질 수 있는데, 여기서 '당'은 500호戶를 가리키고 '술'은 12,500호 규모다. 요즘으로 말하면 당은 면, 술은 군이나 시에 해당한다. 가구별, 지방행정 단위별로

---

11 이목, 『이평사집李評事集』 2권, 「인재득실人才得失」.

12 주나라의 관직으로 각 고을의 정치와 교화, 법령을 관장했다.

학교가 운영되었다는 뜻으로, 누구나 공부하고 배울 수 있고 단계를 밟아 승급하며 심화 학습할 수 있는 환경이었다는 것이다.

모든 백성에게 자신의 재주를 기르고 인성을 함양할 수 있는 기회가 주어졌다고 볼 수 있다. 주나라의 향거이선 제도가 성과를 거둘 수 있었던 까닭은 바로 이러한 교육 인프라와 문화가 뒷받침되었기 때문이라는 게 이목의 생각이다.[13]

그런데 '현량방정'이 시행되었던 환경은 달랐다. 이목은 한나라는 "재주를 길러주지 않고 인재를 얻고자 했으니, 비유하자면 밭을 갈지 않고 곡식이 익기를 바라고 누에를 기르지 않고 옷이 따뜻하기를 바라는 것과 같았습니다."라고 설명했다.

학교를 제대로 운영하지 않고 인재를 육성하려는 노력도 하지 않았으면서 섣부르게 추천제를 도입함으로써 "부정한 학문으로 세상에 아첨하는 자를 등용"했다는 것이다.

수나라와 당나라에서 실시한 과거제도도 "더러 나라를 다스릴 만한 인재가 나와 세상에 큰 쓰임이 되는 경우가 있고" "비록 한두 가지가 일컬을 만한 점이 있지만" 백성을 교화하고 학교를

---

13 주나라가 실제로 그러한 성과를 거뒀는지는 입증할 수 없다. 다만 유학에선 '삼대三代'라고 하여 하나라·상나라·주나라 세 왕조의 시대를 유토피아로 상정한다. 특히 주나라는 『주례周禮』라는 책을 통해 이후 동아시아 법과 제도, 문물의 롤모델이 된다. 따라서 주나라가 행했던 향거이선의 성공은 '실제로 그랬다'가 아니라, '실제로 그랬을 거라고 믿어지는 것'이다.

진흥해 인재를 육성하지 않았기 때문에 원하는 성과를 내지 못했다고 주장했다.

즉 이목이 보기에 중요한 건 추천제가 낫냐 혹은 공개채용이 낫냐가 아니다. 향거이선이 더 좋은가 혹은 과거제도가 더 좋은가가 아니다.

그는 공동체 안에서 개개인의 자질과 역량을 키워주는 교육이 활발하게 이뤄지고 있는지 또 건강하고 투명하게 인재가 육성되고 있는지에 주목했다.

주나라의 '향거이선'은 이 점이 충족되었기 때문에 성공한 것이고, 다른 나라에서 도입한 제도들은 이 점이 부족했기 때문에 실패했다는 것이다.

이목이 "인재를 선발하는 이름은 옛날과 지금이 다르지만 인재를 얻으려는 뜻은 예나 지금이나 다르지 않습니다. 그 뜻을 본받는 건 옳지만 그 이름만 따르는 건 옳지 않습니다."라고 말하는 것도 그래서다.

이목은 "우리 조정에서 인재를 선발하는 법은 진실로 주나라에 견줘도 손색이 없습니다."라고 했다.

완벽한 인재 선발 방법은 없다

그렇다면 도대체 왜 인재가 부족해 주나라와 같은 성과를 내지 못하는가? 이름만, 겉으로 드러난 형식만 가져왔을 뿐 본질에는 소홀해서라는 것이다.

아무리 훌륭한 제도를 도입했더라도 왜 좋은 인재를 뽑아야 하는지, 좋은 인재를 뽑으려면 무엇이 필요한지, 어떤 노력을 해야 하는지에 대해 고민하지 않으니 효과를 거두기 어려운 건 당연하다.

더욱이 어떤 제도든 단점이 있고 한계가 있기 마련이다. 이목은 "지금 인재를 선발하는 방법으로는 과거보다 더 공정한 게 없습니다. 그러나 과거시험장을 아무리 엄하게 단속해도 남의 손을 빌려 답안을 작성하는 폐단이 있으니, 향거이선이라 해도 공정하게 시행되길 바라겠습니까?"라고 말한다.

공개채용 방식에 단점이 있다고 해서 그 제도를 폐지하고 추천제를 시행하는 건 현명하지 못하다. 추천제에도 마찬가지로 단점이 있을 것이기 때문이다. 설령 두 제도를 병행해도, 아니면 제3의 새로운 제도를 만들어도 마찬가지다. 따라서 초점을 바꿀 필요가 있다는 게 이목의 판단이다. 그는 다음과 같이 말한다.

신이 바라건대, 전하께서 몸소 행하고 마음으로 얻은 실제를 미뤄 교화를 밝혀 사람의 마음을 바루고 바뤄서 인재를 기르십시오. 인재가 끊임없이 배출되어 집집마다 가득하면, 전하께서 인재를 선발하시는 건 마치 부유한 집에서 물건을 취하는 것과 같아 마음먹은 대로 되지 아니함이 없을 것입니다. 어찌 인재가 부족하다는 게 근심거리가 되겠습니까? 전하께서 인재를 얻는 걸 물으셨는데 신이 인재를 기르는 것으로 구구하게 대답한 건 이 때문입니다.

맞는 말이다. 인재를 선발하는 데 있어 완벽한 방법이란 애당초 존재하지 않는다. 기발한 시험 문제를 내고, 면접 문항을 다양화하고, 새로운 기법을 도입하더라도 여전히 아쉬운 점이 남을 것이다. 아예 발견하지 못하거나, 알아보지 못하고 탈락시키는 인재도 꾸준히 발생할 것이다.

그렇다고 좋은 제도가 갖는 효용을 부정하는 건 아니다. 인재를 객관적이고 공정하게 그리고 투명하게 선발하기 위해선 이를 뒷받침해줄 제도가 있어야 한다.

다만 제도에만 매달리지 말아야 한다. 어떻게 하면 제도를 남김없이 실현하고 제도의 취지를 온전히 구현할 수 있을지에 집중해야지, 제도 자체에 얽매이다 보면 만족스러운 제도를 영원히 만날 수 없을 것이다.

또한 인재를 등용하는 제도는 먼저 인재가 있어야 의미가 있다. 공동체 내부에 인재가 성장할 수 있는 환경을 조성하고 리더가 솔선수범해 인재를 육성하기 위해 노력한다면 자연히 인재의 수가 많아질 것이다. 인재에게 다양한 교육 프로그램과 기회가 제공되고 인재가 자신의 역량을 마음껏 펼칠 수 있는 여건이 마련된다면, 인재는 끊임없이 배출될 것이다. 그리되면 자연히 인재 선발 제도도 긍정적인 방향으로 작동한다. 이목이 '인재 선발'이 아닌 '인재 육성'을 강조한 이유다.

그런데 연산군은 폭군으로 유명한 임금이니, 다들 짐작했겠지만 이목의 건의를 듣고 느끼는 바가 없었던 것 같다. 불과 3년 후인 1498년에 무오사화戊午士禍를 일으켜 나라의 인재들을 대거 참살했으니 말이다. 이목도 이때 참수형을 당했다. 인재 육성은 커녕 인재의 싹을 꺾어버리고 인재가 숨도록 만들었으니, 그의 치세가 잘될 리가 없었다.

이목은 누구인가

이목(李穆, 1471~1498). 호는 한재, 사림의 영수 김종직에게 글을 배웠다. 평소 바른말을 잘하기로 유명했는데, 무오사화 때 모함을 받아 죽었다. 이때 형장에서 조금도 안색이 변하지 않은 채 '검은 갈까마귀 모여든 곳에 흰 갈매기야 가지 마라 / 저 갈까마귀 너의 흰빛을 보고 화를 내나니 / 맑은 강물에 깨끗하게 씻은 몸이 저 피로 물이 들까 염려되도다 / 책을 덮고 창문을 밀어 내다보니 맑은 강물 위에 흰 갈매기가 노닐고 있구나 / 우연히 침을 뱉었는데 흰 갈매기 등에 떨어져 적시었네 / 흰 갈매기야 세상 사람이 더러워 침 뱉었을 뿐이니 화내지 말아다오'라는 절명시를 남겼다고 한다.

5장

좋은 재상을 얻고 싶다면 왕부터 달라져라

× 연산군이 묻고 이자가 답하다 ×

리더는 누구나 뛰어난 부하를 바란다. 안목이 탁월하고 업무 능력이 출중한 인재를 원한다. 맡은 업무에서 큰 성과를 내 조직을 발전시키고 리더를 빛나게 해줄 수 있다면 더할 나위가 없다.

옛날에도 마찬가지였다. 왕은 자신을 든든히 보좌해줄 신하를 찾고자 온 힘을 기울였다. 특히 좋은 재상을 발탁하고자 애썼는데, 재상은 임금의 수석 참모이자 관리들을 통솔하는 자리이기 때문이다.

경험과 능력이 뛰어난 재상이 세습군주제의 한계를 보완한다는 유교적 이상[14]을 굳이 내세우지 않더라도, 이인자인 재상이 똑똑하고 일을 잘해야 임금이 편해지는 건 당연한 일이다.

폭정을 휘두른 연산군이라고 다르지 않았다. 1504년, 연산군 10년에 시행된 식년시에서 연산군은 다음과 같이 질문했다.

나라가 평안하냐 위태하냐는 왕을 보좌할 재상에게 달려 있으니, 역대로 재상의 직임을 잘 수행한 사람들에 대해 들려줄 수 있는가? 성왕成王이 즉위했을 때는 은나라 백성이 아직 복종하지 않아 왕실이 안정되지 않았고 나라의 안위가 한 호흡에 달려 있었는데 주공周公이 잘 보좌해 위태로운 상황을 평안케 만들고 800년 대업의 기틀을 닦았으니, 어떤 방법을 썼기에 그와 같은 결과를 얻은 것인가? 보좌하는 도리가 '성誠'에 있어서인가? 성으로 보좌하는 건 어떤 것인가? 곽광霍光이 한나라 황실을 보좌한 경우를 살펴보자면 공功이 적지 않았으나 결과적으로 주공에겐 미치지 못한다. 무엇 때문인가? 성이 지극하지 못해서인가? 재상의 임무를 맡은 자가 성으로 임금을 섬기며 직분을 다한다면, 옛날 성대했던 주나라의 정치를 다시 구현할 수 있는가?

---

14 유학에선 본래 "총명하고 사물의 이치를 꿰뚫는 지혜를 가지고 있어 능히 하늘이 부여해준 순수하고 선한 본성을 온전하게 드러낼 수 있는 사람"(주자, 『대학장구서大學章句序』)이 임금이 된다고 생각했다. 임금은 정치적 통치자일 뿐 아니라 백성을 올바른 길로 교화하는 스승이어야 하므로, 공동체 구성원 중에서 가장 뛰어난 사람이 맡는다는 것이다. 그래서 임금을 '군사君師'라고 부르기도 한다. 그러나 왕위를 자식에게 물려주는 세습군주제가 시작되면서 이러한 이상은 더 이상 실현할 수 없게 되었고, 대신 뛰어난 인물을 재상으로 삼아 군주를 보좌하게 하자는 게 재상 제도가 만들어진 이유다.

질문을 여러 개 한 것으로 보이지만 하나의 주제로 귀결된다. '좋은 재상을 얻으려면 어떻게 해야 하냐'는 것이다.

우선 연산군이 주공과 곽광을 거론한 점을 눈여겨볼 필요가 있다. 주공은 상나라(은나라)를 멸망시키고 중원을 통일한 주나라 문왕의 아들이자 무왕의 동생이다. 조카인 성왕이 어린 나이로 보위에 오르자 섭정이 되어 사심 없이 나라를 다스렸고, 성왕이 성년이 되자 그 즉시 권력을 내려놓고 물러났다. 동아시아 문명 질서의 토대가 된 『주례』의 저자로 알려져 있으며, 유학에서 성인^{聖人}으로 추앙받는 인물이다.

곽광은 한나라의 정치가로 무제^{武帝}의 고명을 받아 어린 소제^{昭帝}를 훌륭히 보좌하며 사직을 안정시켰다. 그런데 소제의 뒤를 이어 즉위한 폐제^{廢帝}[15]가 황음무도하다 하여 27일 만에 끌어내리고 선제^{宣帝}를 옹립했다.

평소 성실하고 겸손하긴 했지만 황제가 두려움에 떨 정도로 권력을 휘둘렀기 때문에 평가가 엇갈린다. 이런 곽광이 걸출한 재상이었음에는 분명하지만, 주공과 같은 선상에서 논할 수준은 아니다.

연산군도 곽광이 주공보다 못하다고 분명히 말하고 있다. 그

---

15 폐위된 황제라는 뜻이다. 이름은 하^賀, 폐위되고 해혼후^{海昏侯}로 강등되었다.

럼에도 굳이 두 사람을 비교해 '곽광이 주공보다 못한 이유'를 설명하라고 문제를 낸 건, 사심 없이 온 정성을 다해 임금에게 헌신한 주공과 황권을 위협하고 황제를 떨게 만든 곽광을 대비시킴으로써 임금에게 절대적으로 충성하는 재상의 상像을 요구한 것으로 짐작된다.

또한 연산군이 재상의 덕목으로 거론한 '성'은『중용中庸』에서 강조하는 개념으로, 중용을 실천하고자 마음을 다하고 내가 가진 역량을 남김없이 쏟아내는 것이다. 연산군은 이것의 의미를 재상이 임금을 섬길 때 필요한 자세로 축소해놓았다.

연산군의 질문을 종합하면, 임금에게 충성하고 임금의 말을 어기지 않으면서 일도 잘하는 재상을 뽑고 싶으니 방법을 말해보라는 것이다.

참고로 이 시험이 치러진 1504년은 연산군이 어머니 폐비 윤씨의 원수를 갚겠다며 갑자사화甲子士禍를 일으킨 해다. 이때 연산군은 윤씨를 폐위하는 데 동의했던 원로 재상들을 대거 숙청했는데 윤필상, 이극균, 성준 등이 목숨을 잃었고 한명회, 정창손, 한치형 등 이미 죽은 정승들도 부관참시剖棺斬屍[16] 당했다.

이 기간에 연산군은 "재상이 된 건 자기 스스로 된 게 아니라 임금에게 관작을 받은 것이다. 높은 자리에 올랐다고 곧바로 교만하고 방종해 거리낌이 없으니, 되겠느냐? 임금을 능멸하는 풍습을 지금 통렬히 바로잡아야 할 것이다."[17]라고 말하는 등 재상을 억압하는 발언을 쏟아냈다.

이 식년시가 갑자사화 직후에 거행되었으니, 연산군의 책문도 같은 맥락에서 이해할 필요가 있다.

군주의 임무 중 가장 중요한 일

그렇다면 응시자들은 어떤 답을 내놓았을까? '이자'라는 인물의 대책[18]을 보자. 연산군의 정치를 비판하는 내용이 들어 있음에도 불구하고 임금으로서 도량을 과시하고 싶었던 건지, 연산군은 그를 장원으로 뽑았다.

우선 이자는 "신이 듣건대, 군주의 임무는 재상을 누구로 할지 논의하는 것보다 중요한 일이 없으니, 훌륭한 재상을 얻으면 위태로운 상황을 변화시켜 안정을 찾을 수 있지만 훌륭하지 못한 재상을 얻으면 안정된 상황을 도리어 위태롭게 만들 수 있습니다."라며, 첫 번째 질문에 해당하는 사례로 고요皐陶, 후직后稷,

---

16 무덤을 파헤쳐 관을 끄집어내 쪼개 버리고 시신의 목을 자르는 형벌이다. 이때 뼈를 맷돌에 갈아 바람에 날리는 '쇄골표풍碎骨飄風'도 함께 행해졌다고 한다.

17 『연산군일기』 53권, 연산 10년 5월 18일.

18 이자, 『음애집陰崖集』 2권, 「보상책輔相策」.

이자가 지은 『음애집』
ⓒ한국민족문화대백과사전

이윤伊尹, 소공召公 등 중국 고대의 전설적인 재상들을 거론했다.

그러며 "후세 사람 중에 비록 한 시대를 만나 공업을 세웠더라도 서로 감응하는 이치가 대공大公과 지성至誠의 도리가 아니니, 전하께 말씀드리기에 적절하지 않습니다."라고 말한다.

이자가 말한 재상들은 모두 유교에서 높게 평가하는 인물들이다. 법을 관장했던 고요는 요임금과 순임금, 우임금 삼대를 훌륭히 보좌했으며, 순임금의 명신名臣 후직은 주나라의 시조이기도 하다. 이윤은 은나라 탕왕의 재상으로 하나라를 멸망시키고 천하를 통일하는 데 이바지했으며, 소공은 연나라의 시조로 주공과 함께 주나라의 기반을 다졌다.

하나같이 능력과 인품을 겸비했을 뿐 아니라 공평무사함과 정성으로 군주를 올바른 길로 이끌었다. 임금의 뜻에 반대하고 간언하는 일도 주저하지 않았다.

이에 비해 후대의 재상들은 간혹 재주가 뛰어나고 성과를 냈을진 모르나 훌륭한 재상이 되기에는 부족하다고 본다. 특히 이들은 임금이 잘못을 해도 바로잡지 못했다. 만약 군주가 자기 입맛에 맞는 재상만 찾는다면, 아무리 잘해야 이 정도 수준의 재상밖에 만날 수 없다는 게 이자의 생각이다.

이어서 이자는 두 번째, 세 번째 질문에 대해 원론적으로 간단하게 언급하고 넘어갔다. 주공이 곽광보다 뛰어나다는 건 유학을 배운 사람이라면 다 아는 사실이기도 하고, 굳이 연산군의 의도에 말리지 않으려 한 것으로 보인다.

마지막으로 네 번째 질문에 대해 이자는 '성'을 단지 재상이 임금을 섬기는 자세가 아니라 재상으로서 직분을 다하는 태도라는 측면에서 설명했다.

이자는 "사구司寇[19]를 맡은 자는 마땅히 형벌을 분명하게 시행할 걸 생각하고, 전악典樂을 맡은 자는 마땅히 곧으면서도 온화하게 할 걸 생각하며, (…) 백성의 교화를 맡은 자는 마땅히 가르

---

19 형벌을 관장하는 책임자로, 조선의 경우 형조판서에 해당한다.

침을 너그럽게 할 걸 생각해야 한다."라고 강조한다.

재상에게 요구되는 '성'이란 어떻게 하면 자신에게 주어진 사명을 완수할 것인지 고민하는 마음가짐이자 이를 정당하고 올바르게 실천하려는 노력이다.

재상은 이 과정에서 자신이나 타인을 속이지 않고 진실해야 한다. 이를 잘하는 게 곧 임금을 정성스럽게 섬기는 길로, 그저 임금을 깍듯하게 모시거나 임금의 명령을 잘 따르는 게 '성'이 아니라는 걸 이자는 말하고 있다.

그런데 이자가 정말 하고 싶었던 말은 이제부터다. 그는 "전하께선 재상이 임금을 보좌하는 도리에 대해 하문하셨는데, 신은 임금이 재상을 임용하는 도리에 대해 말씀드리고자 합니다."라며 삼대三代[20]를 능가하는 인재를 얻고 싶다면 삼대 이상 가는 도道를 펼쳐야 한다고 주장했다.

그는 예부터 재상의 자리에 적임자를 얻는 걸 중요하게 생각하고 그 책임을 군주에게 돌리는 이유가 무엇이겠냐고 묻는다. 그러면서 말한다.

---

20 유교에서 유토피아로 여겨지는 시대로, 하-상-주 세 왕조를 가리킨다.

군주의 몸에 하나라도 성실하지 못한 점이 있으면 옳고 그름이 전도되어 간악한 자를 충신이라 하고 아첨하는 신하를 정성을 다하는 신하라 하여, 눈에 겨를 뿌린 것과 같은 상황이 벌어지지 않으리라 장담할 수 없습니다. 그로 인해 천지의 자리가 뒤바뀐다면 비록 현명한 자가 있다고 한들 무슨 수로 그 직분을 다할 수 있겠습니까? 그러므로 군주는 재계齋戒해 몸을 깨끗이 하고 복장을 단정히 갖춰 입는 게 어찌하여 성이 되는지 알아야 합니다. 참소를 물리치고 색을 멀리하며 재물을 하찮게 여기고 덕을 귀하게 여기는 게 무엇 때문에 성이 되는지 생각해야 합니다. 지극한 정성은 틈이 없어 처음부터 끝까지 쉼이 없으니, 어렵게 여기고 신중하게 하며 조화롭고 한결같게 한다면 어느 시대인들 훌륭한 재상이 될 만한 인물이 없겠습니까?

정말로 좋은 재상을 얻고 싶다면 임금부터 정성을 다해야 한다며 연산군을 직접 겨냥한 것이다. 군주가 사사로운 욕심을 가지고 있고, 무엇이 올바른 것인지 판단하지 못하며, 감정에 치우쳐 행동한다면 설령 주공 같은 재상이 있더라도 제 능력을 펼칠 수 없다.

심지어 소인배들의 아첨에 눈이 멀고 모함에 귀를 기울이면,

주공 같은 재상을 배척하고 간신을 충신이라며 총애하는 사태가 벌어진다는 것이다. 따라서 이자는 임금이 먼저 자신을 단속하고 주어진 직분과 책임에 최선을 다해야 한다고 강조했다.

훌륭한 참모를 고르는 방법

이자의 대책에는 오늘날에도 명심해야 할 내용들이 들어 있다. 부하 직원이나 참모를 고를 때 어떤 기준을 가질 것이냐다. 무엇을 필요로 하고 무엇을 기대하느냐에 따라 각기 다를 수 있지만, 이거 하나만큼은 분명하다. 연산군처럼 자신의 뜻을 절대로 어기지 않고 자신에게 무조건 복종할 사람을 원해선 안 된다는 것이다.

훌륭한 참모란 리더가 올바른 길을 걷도록 돕고 리더를 성공하게 만드는 사람이다. 그러려면 리더의 뜻을 거스를 수도 있어야 한다. 또한 참모의 정성이란 리더의 몸과 마음이 기쁘고 안락하게 만들어주는 게 아니라 자신에게 주어진 사명을 남김없이 완수하는 것이다. 그러려면 리더에게 직언하는 일도 주저하지 말아야 한다. 무조건 복종하는 참모에게선 기대할 수 없는 것들이다.

한데 이런 참모는 리더가 가만히 있으면 결코 얻을 수 없다. 리더 자신도 치열하게 노력하고 준비가 되어 있어야 한다. 리더가 중심을 잡지 못하고 또 리더의 마음에 사심이 끼어 있는데 훌륭한 참모와 좋은 인재가 모이는 경우는 드물다. 훌륭한 부하를 바란다면 자신부터 훌륭해져야 하는 것이다.

이자는 누구인가

이자(李耔, 1480~1533). 호는 음애陰崖로 1504년 식년시에 장원으로 급제하고 사헌부 감찰, 이조좌랑을 지냈지만 연산군의 정치에 절망해 술로 세월을 보냈다고 한다. 중종반정 이후 사간원과 홍문관의 관직을 두루 거쳤고 1518년 대사헌, 1519년에는 형조판서에 제수되었다. 조광조, 김식 등과 함께 도학道學 정치를 추구하면서도 훈구파와도 원만한 관계를 형성하며, 사림파가 추진한 개혁의 급진성을 완화하고자 노력했다. 기묘사화로 파직된 후에는 은거해 소일하다가 세상을 떠났다.

6장

초심을 유지하려면
반성하고 경청하라

× 중종이 묻고 권벌이 답하다 ×

'시근종태 인지상정始勤終怠 人之常情'이라는 말이 있다. 처음에는 근면하다가도 나중에는 게을러지는 게 사람의 일반적인 모습이라는 뜻이다.

누구나 그런 경험이 있을 것이다. 굳은 결심을 하고 시작했지만 얼마 지나지 않아 흐지부지했던 경험. 잘해보겠다며 의지를 불태웠지만 금방 이런저런 핑계를 대며 그만뒀던 경험.

원인이야 다양하다. 내가 절박하지 않아서일 수 있고 나태해서일 수 있다. 자만해서 그랬을 수도 있다. 어떤 쪽이든 나의 초심이 흔들려버린 탓이다. '첫 마음'을 유지하지 못했기 때문에 실패한 것이다.

1507년, 중종 2년에 시행된 증광시에서 왕은 이렇게 질문했다.

일찍이 『시경』 「대아大雅」편을 읽어봤는데 이런 시가 있었다. '처음에는 잘하지 않는 이가 없으나 끝까지 잘하는 이는 드물다.' 임금이라면 누구나 처음도 잘하고 마지막도 잘하고 싶을 것이다. 그러나 시작은 잘했더라도 반드시 끝을 잘 맺는 건 아니다. 그 이유는 무엇인가? 삼대의 성군聖君들은 처음부터 마지막까지 나라를 잘 다스려 장치구안長治久安[21]했는데, 그 비결은 무엇인가? 당 태종과 현종은 각기 정관貞觀과 개원開元 연간에 나라를 잘 다스려 칭송받았다. 그러나 태종은 점차 열 가지 폐단이 드러났고[22] 현종은 천보天寶의 환란을 초래했다. 도대체 무엇 때문인가? 내가 비록 덕이 부족하지만, 조상의 큰 기업을 물려받아 날이 밝기도 전에 일어나 옷을 차려입고 해가 지고 나서야 저녁을 먹으며 부지런히 정무에 임했다. 하지만 끝을 잘 맺지 못할 것 같아 걱정이다. 어떻게 해야 태종이나 현종과 같은 잘못을 범하지 않고 삼대처럼 융성하게 나라를 다스릴 수 있겠는가?

---

21 『전한서前漢書』에서 유래한 관용어로, 나라가 장구히 잘 다스려지고 백성의 삶이 오래도록 평안히 안정되었다는 뜻이다.

22 재상이었던 위징이 태종에게 상소한 내용이다. 위징은 태종이 초심을 잃어버리고 있다며, 유종의 미를 거두기 위해 노력해야 할 열 가지 사항을 간언했다. 예를 들면 즉위 초기에는 자신의 손해를 감수하면서 백성의 이익을 도모했는데, 지금은 자신의 욕망을 채우고자 백성을 괴롭히고 있으니 반성하라는 식이다.

왕이 되었다고 상상해보자. 나라에서 가장 높은 자리에 올라 막강한 권한을 행사할 수 있다. 국가와 백성에 대해선 무한한 책임을 져야 한다. 당연히 중압감이 크겠지만 포부 또한 남다를 것이다. '백성에게 존경받는 왕이 되어야지' '역사에 길이길이 이름을 남기는 성군이 되어야지' 하고 생각하며 밤낮 가리지 않고 휴일도 없이 열심히 일할 것이다.

그런데 많은 군주가 처음의 다짐을 끝까지 유지하지 못한다. 이내 긴장을 풀고 마음이 느슨해진다. 폭군이나 무능한 군주는 차치하더라도 똑똑한 군주들, 그래서 즉위 초기에 훌륭한 정치를 선보인 이들도 뒤로 갈수록 흐트러지고 타성에 젖어 무너지는 모습을 보인다. 왜 그렇게 되는 걸까?

중종의 질문들에 대하여

중종의 세 번째 질문부터 보자. 여기서 정관(627년~649년)은 태종이, 개원(713년~741년)과 천보(742년~756년)는 현종이 사용한 연호다. 정관과 개원 시기는 중국 역사에서도 손꼽히는 번영기로 황제의 통치가 훌륭했다고 해 '정관지치貞觀之治' '개원지치開元之治'라고 불린다. 이 기간에 두 황제는 탁월한 지도력을 발휘했으며, 좋은 인재를 대거 등용하고, 민생을 안정시켰다.

그런데 세월이 흐를수록 나태해지며 여러 과오를 저질렀고, 특히 현종 같은 경우에는 나라를 큰 혼란에 빠트렸다.[23] 현종은 재위 후반기에 연호를 천보로 개정했는데, 마침 이 시기가 혼란기에 해당하기 때문에 '천보의 환란'이라고 부르는 것이다.

왜 이런 사태가 벌어졌냐는 것이다. 이에 대해 권벌이 쓴 답안[24]을 보자.

이 두 군주는 모두 시작은 잘했지만 끝맺음을 제대로 하지 못했습니다. 신은 이들이 어떤 마음을 먹었기에 그렇게 되었는지 모르겠습니다. 『시경』에 이런 말이 나옵니다. '정치에 일관성이 없다면 무슨 일을 하더라도 흉하리라.' 또 이런 말도 나옵니다. '흰 실은 물들이기 나름이다.' 당 태종과 현종은 끝맺음을 잘해야겠다는 마음이 없어 마무리를 제대로 하지 못했습니다. 전하께선 이들을 경계로 삼고서 끝을 잘 마무리하겠다는 마음을 버리지 마시옵소서.

---

23 현종은 즉위 초기에 거둔 성공으로 자만했다. 사치와 향락에 빠지고 간신들을 총애하다가 안록산과 사사명의 반란을 초래했다. 이 사건으로 현종은 수도를 떠나 피난길에 올랐고 황제의 자리도 황태자에게 양위한다.
24 권벌, 『충재집沖齋集』 1권, 「선시선종책 전시善始善終策 殿試」.

당 태종과 현종도 처음에는 정치를 잘하겠다는 마음이 있었지만 그 마음을 지키지 못하고 사라지도록 만들었다는 것이다. 그래서 일관성이 없었다.

다시 중종의 첫 번째 질문과 두 번째 질문으로 가보자. 중종은 우리가 시종일관하지 못하는 이유가 무엇인지, 삼대의 위대한 성군들은 어떻게 시종일관할 수 있었는지 물었다. 이 질문에 대한 권벌의 답변이다.

예로부터 임금이라면 시작과 끝을 잘하고 싶어 했습니다. 하지만 『시경』에서 말한 것처럼, 처음에는 잘했더라도 마지막까지 잘하는 건 아닙니다. 일찍이 공자께서 "붙잡으면 보존할 수 있으나 놓치면 없어지고, 시도 때도 없이 드나들어 어디로 가는지 알 수 없는 게 사람의 마음이다."라고 하셨습니다. 사람마다 마음을 붙잡고 놓치는 게 한결같지 않은데, 선과 악의 구분이 여기에서 결정됩니다. 시작을 잘하는 건 마음을 붙잡았기 때문이고, 마지막을 제대로 하지 못하는 건 마음을 잃어버렸기 때문입니다. 마음을 간직했느냐 잃어버렸느냐에 따라 선악이 관계되니 참으로 두려운 일입니다. 엎드려 바라옵건대, 전하께선 시작부터 마지막까지 이 마음을 간직해 조금도 소홀하지 않으셔야 합니다.

권벌이 인용한 공자의 말은 『맹자』에 나온다. 거기서 맹자는 놓쳐버린 마음을 잡으라는 뜻의 '구방심'을 강조했다. 마음은 눈 깜짝할 사이에 놓아져 사방팔방으로 움직이니 항상 꼭 붙잡고 있어야 하고, 혹시라도 잃어버렸다면 반드시 찾아와야 한다는 것이다.

예를 들어보자. 회의에 참석했을 때 오롯이 회의에 집중하는가? 아무리 중요하고 내게 도움이 되는 회의라 해도 중간중간 다른 생각을 할 때가 있다. '회의 끝나고 점심 뭐 먹지?' '저 사람 넥타이가 멋있는데? 어디 제품이지?' '어제 너무 무리했나? 속이 편치가 않네' 하는 생각들로 마음은 그야말로 종횡무진이다. 찰나의 순간에도 사념이 생기고, 그 사념의 대상은 멀고 가깝고의 거리를 가리지 않는다.

사소한 잡념들로만 끝난다면 그나마 다행이다. 마음이 중심을 잡지 못하고 이리저리 흔들리면 올바르게 인식하고 판단하기가 어려워진다. 감정도 균형 있게 제어할 수 없다. 그러니 처음부터 끝까지 삶의 모든 순간 내 마음을 잘 보존해야 하고, 마음을 맑게 유지하는 일에 소홀해선 안 된다.

하나라, 상나라, 주나라를 함께 부르는 '삼대'는 유교의 유토피아를 뜻하는데, 삼대의 성군들은 마음을 잘 보존해 좋은 정치를 펼치고 성공할 수 있었다.

권벌은 하나라를 세운 우왕과 상나라의 시조 탕왕, 주나라가 천하를 통일하도록 이끈 무왕을 예시로 들며, 이 세 군주는 재위 기간 내내 나라와 백성을 위해 헌신하고 온 힘을 쏟았다며 마음을 끝까지 보존하고 항상 몸으로 실천한 덕분이라고 설명했다.

　　자, 이제 마지막 질문에 대한 답변이다. 앞서 사람의 마음은 쉽게 흐트러지기 때문에, 항상 주의 깊게 붙잡고 있지 않으면 사방팔방으로 돌아다닌다고 말했다. 게다가 사람의 마음은 욕망의 영향을 받는다.

　　권벌의 설명이다.

권벌이 지은 『충재집』
ⓒ한국민족문화대백과사전

일찍이 순임금께서 우임금에게 양위하면서 "인심人心은 위태롭고 도심道心은 은미하다. 정성스럽고 한결같게 중도를 잡아야 한다."[25]라고 당부하셨습니다. 인심은 사사로운 감정을 따르고 욕망을 좇기 쉽지만 공공公共의 도리를 추구하기 어렵습니다. 도심은 도리에 입각한 마음이지만 어두워지기 쉽고 밝히긴 어렵습니다.

유학儒學에선 인간의 마음을 인심과 도심, 두 가지로 구분한다. 인간에게 두 개의 마음이 있다는 뜻이 아니다. 하늘이 부여한 상태 그대로 순수하고 선한 본성의 측면에서 말하면 도심이고 기질氣質, 즉 신체의 영향을 받는 측면에서 말하면 인심이다.

따라서 도심은 선하지만 인심은 선할 수도 있고 악할 수도 있다. 인심은 인간의 욕구, 감정과 직결되어 있기 때문이다. 욕구를 다스리고 감정을 잘 제어하면 선해지지만, 그렇지 못하면 악으로 흐른다.

---

25 『서경書經』「우서虞書」, "人心惟危, 道心惟微, 惟精惟一, 允執厥中."

신하의 간언과 임금의 경청

철학 개념이라 다소 낯설 수 있는데 이렇게 생각하면 된다. 인간의 선천적 본성은 순수하고 선하다. 다만 인간은 희노애락喜怒哀樂과 같은 감정이나 식욕, 성욕, 수면욕 같은 원초적 욕구를 가지고 있다. 권력, 명예, 재물, 안락함을 갈구하는 욕망도 있다. 이러한 감정, 욕구, 욕망을 부정할 필요는 없지만, 이를 바르게 제어하지 못하면 인간의 순수하고 선한 본성이 오염될 수 있다는 것이다.

특히 인간의 욕망은 매우 강력한 것이어서 시도 때도 없이 마음을 위태롭게 만든다. 한번 욕망을 극복했다고 해서 끝나는 것도 아니다. 인간의 욕망은 언제든 싹트고 샘솟을 수 있기 때문에, 순임금의 말처럼 정성스럽고 한결같게 노력해 지금 가장 적합한 '도'인 '중도'를 향해 나가야 한다. 그렇지 않으면 인간은 이내 욕망 앞에 지고 말 것이다. 당 태종과 현종의 실패도 결국 욕망을 이기지 못했기 때문이다.

더욱이 군주들은 애초부터 욕망에 물들기 쉬운 환경에 놓여 있다. 사람의 마음에서 욕망보다 제어하기 어려운 건 없다. 그래도 일반인들은 법이 무서워 혹은 처지가 따라주지 않아 욕망이 시키는 대로 선뜻 행동하지 못한다. 욕심을 부리고 싶어도 내가 욕심을 부릴 만한 상황이어야 하는 것이다.

그런데 군주들은 어떤가? 막강한 권력을 소유하고 있고 법을 두려워할 필요도 없다. 원하기만 하면 즐기고 누릴 것들이 주변에 가득하다. 그러니 나태해지고 제멋대로 행동하기 쉬워진다. 자만하고 아집을 부릴 가능성도 높다.

따라서 임금은 무엇보다 "마음의 중심을 잡고 마음을 지켜야 하며 잘못된 생각이 싹트기라도 하면 즉각 반성하고 고쳐야 한다."라는 게 권벌의 생각이다. "편안할 때는 어려움을 생각하며 작은 일도 소홀히 여기지 않고 큰일을 이뤄야 한다." 다만 이 일은 혼자 힘으로 하기 어렵다. 누가 뭐라 하지 않아도 알아서 반성하고 스스로 마음을 맑고 바르게 만드는 건 군자나 성인聖人 같은 인격자여야 가능하다.

대부분의 사람은 반성하는 계기가 있어야 하고 주위에서 자극을 줘야 한다. 권벌이 신하의 '간언'과 임금의 '경청'을 강조한 건 그래서다.

권벌은 "순임금은 과오를 범하지 않았는데도 백익伯益의 훈계에 귀 기울였고, 주 무왕은 위대한 업적을 이뤘어도 태공太公이 바친 단서丹書26를 소중히 여겼습니다."라고 했다. 순임금과 무왕 같은 위대한 성군도 신하인 백익과 태공의 간언에 귀를 기울이며 일상적으로 자신을 단속했다는 것이다.

무릇 실수나 잘못은 위태로울 때가 아니라 편안할 때 저지르는 경우가 많다. 마음을 놓고 방심하기 때문이다. 따라서 특별한 일이 없더라도 타인의 직언을 소중히 여기고 타인의 간언을 들으며 스스로 반성하는 태도를 습관으로 만들 필요가 있다.

나의 편견을 극복하고 생각의 폭을 넓히기 위해서도 경청이 중요하다. 임금은 혼자서 똑똑해지는 게 아니라 여러 사람의 의견과 생각을 모아 똑똑해지는 것이다. 임금 한 사람이 나라의 모든 일을 다 잘 알고 모든 사무에 능통할 순 없다. 반드시 타인의 조언을 듣고 지혜를 빌려야 한다.

마찬가지로 임금의 생각이 항상 정답일 순 없다. 보완해야 할 점도 있을 테고 잘못 판단한 부분도 있을 것이다. 혹은 더 좋은 아이디어가 있을 수도 있다. 그러므로 임금은 언제나 귀를 열고 있어야 한다. 임금에게 경청은 미덕이 아니라 의무다.

하지만 안타깝게도 그러지 못한 군주들이 많았다. 역사를 보면 권력에 취해 오만해지고 욕심을 억누르지 못해 무너진 군주가 수두룩하다. 처음에는 열심히 경청하고 겸손한 자세로 노력했던 임금들조차 변해갔는데, 모든 사람이 떠받들어주고 임금

---

26 옛날 성군들의 도(道)가 기록되어 있는 글.

의 말이라면 "예예" 하며 복종하니 자신이 대단한 줄 착각한 것이다. 지위가 가장 높다고 해서 능력이나 지혜가 가장 뛰어난 게 아닌데도 타인이 나보다 못하다고 여긴다.

이렇게 고집이 생기고 독단에 빠지면 판단 능력이 저하될 뿐 아니라 잘못해도 원인을 자신에게서 찾지 않는다. 나는 다 옳고 틀릴 리가 없으니, 일이 실패한 건 전적으로 타인의 탓이라고 생각한다.

일정한 성공을 거두고 어느 정도 업적을 이룬 군주일수록 증세가 더 심각할 수 있다. 내 경험을 과신하다 보니 타인의 말을 듣지 않는다. 당 태종과 현종이 그랬던 것처럼 말이다.

임금에게 초점을 맞춰 설명하긴 했지만 누구에게나 해당하는 교훈이다. 첫 출근을 할 때나 새로운 프로젝트를 시작할 때부터 게으른 사람은 없다. 남들이 놀랄 만큼 잘해보겠다고, 꼭 성공하고 좋은 결과를 거두겠다고 마음먹는다. 그러다 점차 타성에 젖어 들고 편안함을 추구하면서 드높았던 초심은 어디론가 사라져버리는 것이다.

서두에서 소개한 '시근종태 인지상정'이라는 말, 오늘의 우리도 다르지 않다. '작심삼일作心三日'이란 말도 누구에게나 익숙하지 않은가? 이렇게 흐트러지는 걸 막기 위해 회사에선 성과급을 주고 승진과 연봉 인상으로 동기를 부여한다. 징계 조치로 긴장을 유지한다. 학교에선 시험과 과제, 학점, 장학금을 동원한다.

그러나 외부 수단만으로는 내 마음의 방종을 막기 어렵다. 마음을 한결같게 유지하기 위해선 매일매일 성찰하고 반성하는 노력과 타인의 목소리에 귀 기울이는 경청을 병행해야 한다. 그런 하루하루가 쌓여 비로소 처음의 시작도 잘하고 끝맺음도 잘할 수 있을 것이다.

 권벌은 누구인가

권벌(權橃, 1478~1548). 조선 중기의 문신으로 병조판서, 예조판서, 우찬성 등 요직을 두루 역임했다. 1504년(연산군 10년) 대과에 급제했으나 답안지에 '처處'자를 썼다는 이유로 합격이 취소되었다. 그즈음 연산군이 김처선金處善의 엄준한 직간直諫에 진노해 그를 죽이고, 모든 글에 김처선의 이름자를 사용하지 못하게 했기 때문이다. 3년 후, 중종 2년에 다시 과거에 응시한 바 있다. 권벌은 강직한 성품으로 이름을 날렸고, 을사사화 때는 척신들에 맞서 사림을 보호하고자 노력했다. 이 과정에서 소윤少尹 세력의 눈 밖에 나 귀양을 떠났고, 1548년(명종 3년) 유배지인 삭주에서 눈을 감았다. 1568년(선조 1년) 대광보국숭록대부 좌의정에 추증되었다.

7장

술의 폐해 해결은
개인과 사회가 함께

✕ 중종이 묻고 김구가 답하다 ✕

많은 사람이 즐기는 게 술이지만, 그만큼 문제를 일으키는 것도 술이다. 흡연, 비만과 더불어 건강을 악화시키는 주범으로 꼽힐 뿐 아니라, 음주 운전이나 주폭 같은 범죄를 유발하기도 한다.

이러한 고민은 예전에도 다르지 않았나 보다. 1513년, 중종 8년에 치러진 별시에 이런 질문이 나왔다.

술이 끼치는 화는 오래되었다. 그 기원은 언제였는가? 우왕 은 훌륭한 맛의 술을 미워했고, 무왕은 술을 경계하는 글을 지었으며, 위무공은 술 때문에 저지른 과오를 뉘우치는 시 를 썼다. 이토록 오래전부터 술의 폐해를 염려했으면서 그 근원을 끊어내지 못한 이유는 무엇인가? (...) 우리 왕조의 여러 임금께서도 대대로 술을 경계하셨다. 세종대왕은 특별히 글을 지어 조정과 민간을 깨우치셨는데, 세 성인의 생각과 다르지 않다. 한데 오늘날 술로 인한 폐단은 더욱 심각해졌으니, 술에 빠져 일을 하지 않고 술에 미혹되어 덕을 그르치곤 한다. 흉년으로 먹을 곡식이 없어 금주령을 내려도 민간에선 계속 술을 담가 곡식이 다 없어질 지경이다. 이를 구제하려면 어떻게 해야겠는가?

중국 하나라의 시조인 우왕은 요임금, 순임금과 더불어 위대한 성군으로 추앙받는 인물이다.『전국책戰國策』을 보면 우왕과 술에 관한 일화가 나온다.

하루는 의적儀狄이라는 장인이 우왕에게 술을 빚어 바쳤는데 그 맛과 향이 너무나 뛰어나 정신을 차릴 수 없을 정도였다.

우왕은 이 술에 맛을 들이면 헤어 나오지 못해 끝내 나라를 망칠 것 같다며 의적을 궁에서 내쫓았다고 한다. 의적을 보면 그 술이 마시고 싶어질 테니 아예 여지를 차단해버린 것이다.

다음으로 무왕은 중국 주나라의 왕으로, 아버지 문왕과 함께 상나라를 무너뜨리고 천하를 통일했다.

그는 동생 강숙에게 매방 지역을 영지로 내려주며 특히 술을 조심하라고 당부했다. 매방은 멸망한 상나라의 수도인데, 상나라의 마지막 임금인 주왕紂王이 주지육림酒池肉林[27]에 빠져 나라를 망하게 했으니, 그 교훈을 잊지 말라는 것이다.

세 번째로 거론된 위무공衛武公은 춘추시대 위나라의 군주로 훌륭한 정치를 펼쳐 백성의 존경을 받았다.

한 번은 무공이 술자리에서 추태를 부린 적이 있었는데, 술에서 깬 후 이를 반성하는 「빈지초연賓之初筵」이라는 시를 썼다고 한다. '엄숙하고 위엄 있던 몸가짐이 술에 취하니 오만방자해졌다. 소리를 지르고 공연히 떠들며 그릇을 어지럽히고 계속해서 비틀비틀 춤을 췄다'는 내용이다.

마지막으로 세종대왕이 특별히 지었다는 글은 술의 폐해를 경고한 교서다. 세종은 이를 인쇄해 전국으로 반포했는데, 아래와 같은 내용이다.

> 술이 가져오는 해독은 참으로 크다. 어디, 곡식을 썩히고 재물을 낭비하는 일뿐이겠는가. 술은 안으로는 사람의 마음과 의지를 훼손하고, 밖으로는 몸가짐을 흐트러지게 한다. 술 때문에 부모를 봉양하지 않고 술로 인해 남녀의 분별이 문란해지니, 그 해악은 작게는 성품을 파괴하고 생명을 상실케 하며 크게는 나라와 가정을 패망하게 한다. 술로 인해 윤

---

27 술로 채워진 연못과 고기로 된 숲이라는 뜻으로, 호화로운 연회를 열어 향락에 빠진 것을 비유하는 말이다.

리가 더럽혀지고 풍속이 퇴폐하는 예는 이루 다 열거할 수 없다. (...) 술이 끼치는 해독이 이토록 참혹하건만 아직도 깨닫지 못하니 대체 무슨 마음들인가. 나라의 장래를 생각하진 못할지언정 제 한 몸의 생명도 돌보지 않는단 말인가. 조정에 벼슬하는 신하들도 이와 같으니 민가의 평범한 백성이야 어떻겠는가. 형사 소송이 자주 일어나는 이유도 술로 인한 경우가 많다. 지금이라도 삼가지 않으면 폐해는 진실로 두려워할 만한 것이다.[28]

세종대왕이 왜 이토록 강경하게 술을 자제하라고 경고했는지 정확한 이유는 알 수 없지만, 당시 세종이 아끼던 신하들이 술로 인해 건강을 해쳐 목숨을 잃는 등 조정 안팎으로 지나치게 술을 마시는 문화가 만연했던 것으로 보인다.

---

28 『세종실록』62권, 세종 15년 10월 28일.

술의 폐해를 경계하라

아주 오랜 옛날부터 근래에 이르기까지 여러 훌륭한 임금들이 술의 폐해를 경계하고 술을 조심하라고 당부했음에도 불구하고 왜 이 문제가 해결되지 않고 있는지, 왜 사람들은 여전히 술에 중독되고 술에 취해 잘못을 저지르고 있는지 질문하고 있다.

이 물음에 나올 수 있는 답변은 뻔하다. 술을 아예 없애버리자고 할 순 없으니 술을 절제할 필요가 있다는 정도일 것이다.

김구가 지은 『자암집』
ⓒ한국민족문화대백과사전

이제부터 살펴볼 김구의 대책[29]도 마찬가지인데, 다만 그가 강조하는 지점을 눈여겨볼 필요가 있다.

술이 가져오는 재앙은 심각합니다. 무릇 사람에겐 보편의 성품이 있는데 술이 해치고, 오륜의 질서가 있는데 술이 흘려버립니다. 만사에 제도가 정해져 있는데 술이 없애버립니다. 즉 술은 성품을 잘라내는 도끼입니다. 성聖스러운 사람도 술에 취하면 어리석어지고, 현명한 사람도 술을 마시면 어두워지며, 강한 사람도 술에 들어서면 나약해집니다. 즉 술은 마음을 공격하는 문이라 하겠습니다. 그래서 세상 사람들은 누구나 이렇게 말합니다. 술이 사람에게 해를 끼치니 즉시 없애야 한다, 술이 예의를 잃게 만드니 즉시 버려야 한다고 말입니다.

술이 사람의 성품을 타락시키고 윤리를 무너뜨리고 사회 질서를 어지럽힌다는 것이다. 그렇다고 술을 없애버릴 순 없다. 유교에는 본래 '향음주례鄕飮酒禮'[30]라는 예법이 있을 정도로 술을 중

---

29 김구, 『자암집自菴集』 2권, 「주화酒禍」.
30 향촌의 선비들이 향교나 서원에 모여 학문과 덕망이 뛰어난 이를 주빈으로 모시고 술을 마시며 잔치하는 의례를 말한다.

요하게 생각했다. 제사를 지내고 손님을 대접하며 잔치를 열 때 술이 꼭 등장했다. 그뿐만이 아니다. 술은 마음을 터놓고 대화할 수 있게 만들고 우의를 돈독하게 만드는 데도 도움을 준다. 약으로도 쓰인다.

문제는 술의 장점을 살리지 못하고 지나치게 탐닉하는 데 있다. 내가 술을 마시는 게 아니라 술이 나를 마시는 지경에 이르면서 잘못을 저지르는 것이다. 일찍이 공자는 "술의 양에 한정이 없었지만 흐트러지는 지경에 이르지 않았다."[31]라고 했다. 술에 취해 정신이 몽롱해지고 몸이 흐트러지기 전에 음주를 멈췄다는 것이다. 하지만 말처럼 쉬운 일이 아니다.

김구가 이 문제를 정신의 수양으로 연결하는 건 그래서다. 그는 "세상에는 생기기 쉬운 폐단이 있고 구제하기 어려운 폐단이 있습니다. 생기기 쉬운 폐단은 사물의 폐단이고 구제하기 어려운 폐단은 정신의 폐단입니다. 정신의 폐단이 원인이 되고 사물의 폐단은 결과일 따름이니, 술의 폐해 역시 어찌 정신의 폐단에서 비롯된 게 아니겠습니까?"라고 했다. 술에는 사람을 취하게 만들어 판단력을 흐리게 하는 성분이 들어 있다. 술 자체에 내재하기 때문에 언제든 마시는 사람에게 악영향을 줄 수 있다.

---

31 『논어』 「향당鄕黨」편.

개인, 집단, 사회구조적 측면에서

한데 과연 술의 잘못일까? 술을 마시는 사람이 술의 장점을 잘 활용하고 술의 단점을 잘 제어하면 되는 것 아닐까? 폐단을 촉발한 건 사람인데, 왜 애꿎은 술을 탓하는 걸까?

김구는 말한다. "술로 인한 피해는 마음을 수양하지 못해 생겨나는 것이지 술로 인한 게 아닙니다. 따라서 술만 탓하고 마음을 탓하지 않거나 사물의 폐단만 근심하고 정신의 폐단을 근심하지 않는다면, 성품을 잃어버리고 몸을 망치며 병을 불러들일 것입니다." 원인을 잘못 진단하고 있으니, 병이 낫기는커녕 오히려 악화할 수 있다는 것이다.

그런데 개인의 노력만으로 술의 폐해를 모두 극복할 순 없다. 내가 마음의 중심을 잡고 수양에 힘써서 술을 적절히 제어한다고 해도, 내가 속해 있는 사회가 '술 권하는 사회'라면 한계가 있다. 올바른 음주 문화가 정착되어 있지 않고 술에 관대한 사회라면, 언제 술로 인해 피해를 볼지 모른다.

상사나 선배에 의한 술 강요가 대표적이다. 내가 술을 못해도 술을 마시기 싫어도 무조건 마셔야 하고, 그러다 사고를 당하기까지 한다. 따라서 개인뿐 아니라 사회도 함께 달라져야 하는

데, 사회를 바꿀 책임은 다름 아닌 리더에게 있다. 조선의 경우라면 임금에게 있는 것이다.

그렇다면 임금은 이 문제를 어떻게 풀어가야 할까? 김구는 법으로 단속하는 건 적절치 못하다고 봤다. 그는 "단지 구구한 법령으로 해결하려 든다면 명령을 해도 간사하게 빠져나갈 것이고 처벌해도 거짓으로 대할 것입니다."라고 주장한다.

술이 문제를 일으키고 있으니, 술의 제조와 판매를 통제 혹은 금지하고 1인당 마실 수 있는 술을 제한하는 법을 만든다고 가정해보자. 사람들이 과연 이 법을 따를까? 주취 범죄자에 대한 처벌을 강화했다고 생각해보자. 억제 효과가 없진 않겠지만, 대다수가 법망을 피하려 들 뿐 근본적인 해결은 어려울 것이다.

그래서 김구는 "참으로 위에 있는 사람이 시간을 아끼고 주의를 기울여 교화에 힘쓰고 마음을 밝혀야 합니다."라고 강조했다. 그는 왜 술 권하는 사회가 되었는지 또 왜 백성이 술에 중독되고 있는지 면밀하게 살피고, 임금이 솔선수범해 모범을 보임으로써 사람들의 인식을 개선해야 한다고 주장한다. 그렇게 사회 분위기를 일신하라는 것이다.

김구의 생각은 다른 사안에도 적용할 수 있다. 어떤 대상에 중독되어 문제가 생기면 보통 대상 자체로 원인을 돌린다. 술, 도박, 미신, 게임 등은 원래부터 나쁘고 단점이 있다는 것이다.

제도나 규정이 미비하거나 잘못되었다며 탓하기도 한다.

그러나 정작 문제를 촉발한 원인은 그걸 오남용한 인간의 정신이다. 개인의 마음이 중심을 잡지 못하고 잘못 판단했기 때문이며, 자기 행동을 적절히 제어하지 못하고 지나치게 빠져들었기 때문이다. 그렇다면 열심히 수양하고 개인의 정신만 똑바르면 되는 일인가?

문제의 원인을 개인에게서만 찾으면 근본적인 해결이 어렵다. 인간의 문제는 개개인뿐 아니라 개인과 개인, 개인과 집단, 사회구조적 측면에서도 검토해야 한다.

무엇이 이러한 상황을 초래했고 악화시키고 있는지 파악해야 하고, 사회적 차원에서 함께 해결을 모색해야 한다는 게 김구가 말하고 싶었던 핵심이었을 것이다.

김구는 누구인가

김구(金絿, 1488~1534). 호는 자암自庵으로 이조좌랑, 홍문관 직제학, 좌승지 등을 역임했다. 글씨가 뛰어나 조선 전기 4대 명필로 꼽히며 음률에도 조예가 깊었다. 소격서 혁파에 앞장서는 등 조광조, 김식 등과 함께 개혁을 추진하다가 기묘사화로 유배되었다. 남해도에 귀양 가 있을 때 섬의 아름다운 풍광과 섬사람들의 모습을 노래한 「화전별곡」이란 작품을 짓기도 했다.

8장

나아갈 때와 물러날 때를 아는 도리

× 중종이 묻고 송겸이 답하다 ×

출처出處는 중대한 일이므로 선비라면 마땅히 깊이 성찰하고 행동해야 한다. 장자방張子房[32]은 한나라 고조를 도와 천하를 평정한 뒤 병을 핑계 대고 생식生食하며 적송자赤松子[33]를 따라 노닐었다. 제갈공명은 선주先主[34]의 부탁으로 군대를 일으켰다가 끝내 뜻을 이루지 못한 채 세상을 마쳤다. 도연명陶淵明[35]은 이익과 영달을 구하지 않고 사직했다. 이익과 영달을 구하지 않고 사직함으로써 자신을 맑고 깨끗하게 지켜냈다. 세 사람의 공명功名과 사업은 각기 다른데도 선유들이 말하

---

32 한나라가 초나라와 쟁패를 벌였던 시기의 정치가이자 전략가로 이름은 량이고, 자방은 자다. 참모의 대명사로 불린다.
33 비를 관장하는 신선이다. 염제 신농씨를 보좌한 우사雨師로 알려져 있다.
34 촉한을 세운 소열황제 유비를 가리킨다.
35 중국 진晉나라의 시인으로, 「귀거래사歸去來辭」가 대표작이다.

길 '고아한 풍모와 원대한 절개가 서로 같다'고 했으니, 그 까닭은 무엇인가?"

1520년, 중종 15년 9월에 열린 별시에서 임금은 위와 같이 물었다. 여기서 '출처'란 벼슬에 나아간다는 뜻의 '출出'과 자리에서 물러나 은거한다는 의미의 '처處'를 합쳐 부르는 단어다. 낯설다면 '진퇴進退'로 대체해 생각해도 좋다.

옛 선비들은 나름의 기준을 세우고 출처, 어느 때 관직에 나아갈지 물러날지를 결정했다. 지금 세상에 올바른 도리가 행해지고 있는지, 좋은 정치를 펼치는 군주가 있는지, 임금이 선비를

송겸의 대책이 실린
편자미상 『동책정수』
ⓒ국립중앙도서관

예우하고 그의 말에 귀를 기울여주는지, 나라와 백성이 위태로운 상황인지 등이 기준이 된다.

이에 대한 판단은 주관적일 수밖에 없다. 똑같은 상황이어도 출할지 처할지는 사람마다 다르다. 세상이 어지럽고 혼탁하다고 하자. 괜히 나섰다가 다칠 수 있으니 은거해 학문에 전념하겠다는 사람이 있는가 하면, 실패할 게 불 보듯 뻔하지만 고통받고 있는 백성을 외면할 수 없다며 세상에 뛰어드는 사람도 있다. 무엇을 가장 중요하게 생각하는지, 가치관이 다르기 때문이다.

고아한 풍모와 원대한 절개

중종이 언급한 장자방, 제갈공명, 도연명은 각기 다른 출처를 보여줬다.

한나라 고조 유방의 핵심 참모였던 장자방은 천하통일의 대업을 이룬 직후 "공을 이룬 뒤에는 물러나는 게 도리"라며 관직을 내려놓았다. 이후 신선이 되는 술법을 익히는 데 몰두했다고 한다. 유비의 삼고초려로 세상에 나선 제갈공명은 역적 위나라를 처단하고 한나라를 부흥하고자 죽는 순간까지 온 힘을 다했다. 평소 전원생활을 좋아하던 도연명은 「귀거래사」를 읊으며 관직을 내던지고 향리에 은거했다.

　이처럼 셋의 선택과 행적이 서로 다른데, 왜 '고아한 풍모와 원대한 절개가 서로 같다'라고 평가하냐는 것이다. 이날 시험에서 장원으로 급제한 송겸의 대책[36]을 보자. 그는 답변했다.

　　군자는 의리를 따르되 시대를 보아 행동하거나 멈추니 시종 일관 적절하고 마땅함을 잃지 않습니다. 세상에 나갈 만한 데도 나가지 않으면 의리가 아니고, 벼슬하지 말고 은거해야 하는데도 은거하지 않으면 역시 의리가 아닙니다. (…) 출처가 다른 건 시대와 놓인 상황이 다르기 때문이지, 그 의리는 같습니다.

　송겸의 설명에 따르면 장자방이 고조를 보좌해 진나라를 무너뜨리고 초나라의 항우를 죽인 건 고조의 한漢나라를 위해서가 아니라 자신의 조국 한韓나라를 위한 것이다. 진나라가 조국을 멸망시켰고 자신이 옹립한 한나라 왕 한성韓成도 항우에게 죽임을 당했기 때문에, 복수를 위해 유방을 활용했을 따름이다. 따라서 목표를 이룬 뒤에는 조국에 대한 충심을 지키고자 미련 없

36　편자미상, 『동책정수東策精粹』(국립중앙도서관 소장 목활자본); 이정섭, 『(국역) 동책정수』, 국립중앙도서관, 2007.

이 물러났다는 것이다. 부귀와 권력이 보장되었지만, 장자방에겐 중요하지 않았다. 속마음을 감춘 채 군주를 섬기지 않겠다는 의미이기도 하다. 한 고조에 대한 예의였다.

제갈공명은 "이 일(북벌)이 성공할지 실패할지 아둔한 저로선 알 수 없습니다. 다만 몸과 마음을 바쳐 온 힘을 다할 것이니 죽기 전에는 그만두지 않을 것입니다."라고 말한 바 있다. 사실 전국 열세 개 주州 중 1.4개[37] 정도를 차지한 데 불과한 촉나라가 아홉 개 주의 위나라를 정벌한다는 건 달걀로 바위를 치는 일이나 다름없었다. 국력도 4분의 1 수준으로 인적·물적 역량이 상대가 되지 않았다. 그런데도 제갈공명이 자신을 모두 소진하면서까지 북벌의 대업에 매진한 건 천하에 아직 대의가 살아 있음을 천명하기 위해서였다는 것이다.

도연명이 사직하고 낙향한 건 "유유劉裕[38]의 찬탈이 기정사실화된 상황에서 뻔뻔하게 두 임금을 섬길 수 없었고, 힘이 미약해 뜻을 함께할 사람도 없었기 때문"이라고 송겸은 설명한다.

요컨대 장자방은 여건이 마련되었지만 '처'한 경우, 제갈공명은 여건이 충족되지 않았지만 '출'한 경우, 도연명은 여건이 마

---

37 익주와 형주 일부.

38 남북조 시대의 송나라를 건국한 무제武帝. 진나라의 황위를 찬탈한 환현을 무너뜨리고 안제安帝를 복위시켰으나, 다시 안제를 시해하고 공제恭帝를 옹립하며 야심을 키웠다. 이 과정에서 송왕宋王에 봉해진 그는 공제에게서 황위를 빼앗고 진나라를 멸망시켰다.

런되지 않아 '처'한 경우다. 얼핏 다른 것처럼 보이지만 출처를 선택한 이유는 '의리를 지키기 위해서'로 동일하다. "출한 것도 의리로써 하지 않음이 없었고 처한 것도 의리로써 하지 않음이 없었으니" 작금의 현실에서 무엇이 의리를 지키는 길이냐를 숙고한 결과라는 것이다. 이어서 송겸은 송나라 성리학자들의 사례를 들며 부연했다.

염계(濂溪, 주돈이) 선생과 강절(康節, 소옹) 선생은 세상에 대한 뜻을 마음속으로 거둬 감추고 여러 차례 조정으로부터 부름을 받았으나 나아가는 걸 좋게 여기지 않았는데, 그 시대가 뭔가를 해낼 수 없었기 때문입니다. 비록 군주가 어둡지 않았고 나라도 위태로운 지경에 이르진 않았으나, 군주가 자신의 지혜에 스스로 만족해 일에 어그러짐이 많았으니 차라리 물러나서 도를 밝혀 후세에 전하는 게 낫다고 여긴 것입니다. (...) 구산(龜山, 양시) 선생과 회암(晦庵, 주희) 선생은 위태로운 조정에 출사했고 상소를 올리며 간절히 간언했습니다. 비록 뭔가를 이루기 힘든 시대라도 선비가 나서지 않으면 천하는 더욱 도탄에 빠지고 금수의 세상으로 전락할 것이니 어찌 아무것도 하지 않고 편안히 앉아 있을 수 있겠습니까?

'출'해야 할 때와 '처'해야 할 때

어중간한 시대가 있다. 임금과 신하의 수준이 무난하고 세상도 그럭저럭 돌아간다. 하지만 현실에 만족한 채 개선하려는 생각을 하지 않기 때문에, 원대한 뜻을 품은 선비가 출사해 뭔가를 이루긴 힘들다. 이럴 땐 힘을 낭비하기보단 물러나 학문을 연마하고 도를 닦는 게 현명할 수도 있다. 학문을 닦아 얻은 깨우침을 후세에 전해주는 게 세상에 더 큰 도움이 될 테니 말이다.

극단적인 위기가 닥친 시대도 있다. 출사했다간 자칫 목숨을 잃을 수 있고, 자신을 남김없이 바쳐 노력했는데도 아무것도 이루지 못할 수 있다. 그렇다고 외면하면 백성은 큰 고통을 겪는다. 이럴 땐 고난을 각오하고 출사해 할 수 있는 일을 해야 한다.

이것이 염계와 강절, 구산과 회암의 출처에 차이가 생긴 이유라는 것이다. 그리하여 송겸은 이렇게 결론짓는다. "마주해 어길 수 없는 게 시대고 행해 놓쳐선 안 되는 게 의리입니다. 군자가 진실로 시대를 살펴보고 의리를 행한다면 출처가 잘못되는 일이 없을 것입니다."

앞서 소개한 인물들의 출처는 모두 '그러한 시대에 맞춰' 행해진 것이기 때문에 의리에 부합했고 올바름을 잃지 않았다. 그러므로 출처를 잘하기 위해선 원칙과 신념을 지키되 상황을 면밀하게 고려해야 한다. 무엇이 내가 살아가고 있는 이 시대에, 지금 상황에 어울리는 선택인지 깊이 고민할 필요가 있다.

이와 같은 출처의 도리는 오늘날에도 유효하다. 자리에 취임하고 퇴임할 때, 역할을 맡고 물러날 때, 자리나 역할 자체를 사양할 때, 상황과 역량 그리고 올바름의 여부를 종합적으로 고려해야 한다. 명예나 이익에 연연하지 말고 정정당당하게 내가 생각하는 최선을 택해야 신념을 지킬 수 있고 타인에게도 떳떳할 수 있다. 아울러 '출'해야 할 때와 '처'해야 할 때를 정확히 알고, 시대에 맞는 의리를 행해야 한다는 점도 명심해야 한다. 때를 알아야 한다는 건 세상의 흐름을 읽으라는 것이다. 시대에 맞는 의리는 정해진 격식이나 기존의 관습에 얽매이지 말고 능동적으로 변화에 대응하라는 것이다. 그래야 성공적으로 나아가고 물러날 수 있다는 게 송겸의 대책이 주는 교훈이다.

송겸은 누구인가

송겸(宋璊, ?~?). 호는 추애로 별시에 장원 급제하고 형조참판, 대사헌, 평안도 관찰사 등 고위직을 두루 역임했다. 태어나고 죽은 연도가 알려지지 않은 특이한 경우다. 『중종실록』의 편수관으로 참여했으며, 1548년 명종 3년 7월 29일의 실록 기사를 마지막으로 더 이상 그에 관한 자료를 찾아볼 수 없다.

9장

공정하고 투명한
기준을 확립하라

× 중종이 묻고 김의정이 답하다 ×

호오시비好惡是非를 가리는 건 심리나 윤리의 영역일 것 같지만 공
동체를 운영할 때도 중요하다. 사람마다 가치 기준이 다른 데서
생겨나는 의견 차이를 조율하고 갈등과 대립을 해소해야 하기
때문이다. 1526년, 중종 21년의 별시에서 이 문제를 다뤘다.

좋고 싫음과 옳고 그름이 합당해야 조정이 바르게 되고 정
치와 교화가 한결같아진다. 지금은 좋고 싫음이 뒤바뀌고
옳고 그름이 뒤섞여버렸다. 하여 좋은 거라고 반드시 선하
지 않고, 싫은 거라고 반드시 악하지 않다. 옳다거나 그르다
는 것도 자기 생각만 따를 뿐 공론公論을 개의치 않는다. 사
정이 이러하니 조정을 바르게 하고 정치와 교화를 한결같게
하기 어렵지 않겠는가?

중종 21년의 조선은 혼란스러웠다. 7년 전 기묘사화己卯士禍로 조광조를 비롯한 선비들이 큰 참화를 입은 이래, 조정에는 올곧은 목소리를 내는 신하를 찾아보기 어려웠다. 가뭄과 병충해가 몇 년째 계속되었고 전국 각지에서 지진이 발생했다.

나라는 위태로운데 신하들은 갈라져 이익을 탐하고 서로를 비난하기에 여념이 없던 시기, 중종이 출제한 책문 속에는 당시 상황에 대한 고민이 여실히 담겨 있다.

중종의 질문에 조선 중기의 학자 김의정은 "조정에서 공도公道가 행해지면 선과 악이 변별되어 상벌을 순리대로 시행할 수 있습니다. 조정에서 공도가 행해지지 않으면 공론이 막혀 사람들의 생각이 소통되지 못하니 옳고 그름과 좋고 싫음을 판단하기 어지러워집니다."라고 답변[39]했다. 나라가 공정하고 바르게 운영되면 자연스레 올바로 판단하고 적절한 결정을 내릴 수 있다는 것이다.

무릇 좋고 싫음, 옳고 그름의 기준은 사람마다 다를 수 있다. 각자의 생활 세계가 다르고 신념이나 가치관에 차이가 있기 때문이다. 더욱이 옳고 그름은 그 자체의 내용뿐만 아니라 둘러싼 상황을 어떻게 해석하느냐에 따라 '옳다고 여겨지는 것' '그르다

---

[39] 김의정, 『잠암일고潛庵逸稿』 4권, 「호오시비好惡是非」.

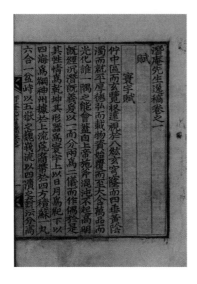

김의정이 지은 『잠암일고』
ⓒ한국민족문화대백과사전

고 여겨지는 것'일 수 있다. 똑같은 경제 상황이라도 공격적으로
투자해야 한다는 사람이 있고, 안정적으로 투자해야 한다는 사
람이 있는 것처럼 말이다.

하지만 '상대성'을 인정한다고 해도 문제가 해소되진 않는다.
개인의 차원이라면 내가 고심해서 결정한 후 책임도 내가 지면
그만이지만, 공동체 차원에선 서로 다른 견해를 조율하는 합의
의 과정이 필요하다.

김의정이 말하는 '공도'란 올바른 합의를 끌어내기 위한 전
제 조건으로, 공정하고 투명하며 사심이 없는 상태를 말한다. 조
정이 그렇게 운영되어야, 구성원들도 사사로운 욕심이나 감정을

앞세우지 않고 무엇이 좋은 선택인지 또 어떤 게 올바른 결정인지 살필 수 있다는 것이다. 그러나 김의정이 보기에 당시 조정은 그렇지 못했다.

> 지금 우리 조정은 하나의 제도를 만들고 하나의 일을 시행할 때마다 대신과 측근 신하들을 모아 잡다하게 의견을 채택하는데, 임금께 올리는 대책이 초나라와 월나라 사이만큼이나 거리가 있을 뿐 아니라 열흘이 지나고 한 달이 넘어가도록 결론을 내리지 못합니다. 또한 각자 자기 생각만 고집하느라 상대의 의견에 대해선 꺼리고 싫어하는 마음이 사라지지 않고 있습니다. 그로 인해 갈등이 표출되어도 그저 세월만 흘려보내고, 상대를 존중하며 삼가고 조심하는 기풍이 있다는 걸 들어보지 못했습니다. 심지어 모두 자기가 가장 잘났다고 하면서도 내가 무엇이 더 나은지 또 상대는 무엇이 더 못한지 가려내지 않으니, 좋고 싫어함이 서로 극단에 이르렀다고 말할 수 있을 것입니다.

일을 추진하고 결정할 때마다 신하들은 중구난방으로 떠들어댈 뿐 시간이 지나도 합의에 이르지 못한다는 것이다. 자기 의견만 고집하고 상대방의 의견을 경청하지 않기 때문이다.

자신의 주장이 옳다면 어떤 점에서 나은지 상대방의 주장이 그르다면 어떤 점에서 부족한지 설명하지 못하고, 그저 우겨대기만 하니 갈등이 격해질 수밖에 없었다. 생산적인 결과를 기대할 수 없음은 물론이다.

대립과 갈등, 합의와 조화

김의정은 공도의 부재가 이와 같은 상황을 초래했다고 진단했다. 최고 리더인 임금이 공도를 확립하지 못했고 조정에서도 공도를 실천하지 못했기 때문이다. 나라에 공도가 확고부동하게 자리 잡고 있다면, 구성원들 또한 공도의 바탕 위에서 옳고 그름을 가릴 것이다. 공도에 따라 원칙과 정의가 지켜지고 의사결정이 투명하게 이뤄진다면, 사람들은 올바른 마음으로 좋고 싫음과 옳고 그름을 판별할 것이다.

누구나 "나라를 걱정하며 백성을 사랑하는 마음을 가지고 내가 좋아하는 게 혹시라도 나라에 해를 끼치진 않는지, 내가 옳다고 믿는 게 백성의 뜻에 배치되진 않는지 살펴" 행동할 것이기 때문에 "비록 내가 옳다고 믿는 걸 타인이 그르다고 하고 내가 좋다고 하는 걸 타인이 싫다고 하더라도, 어깨를 나란히 하며 임금에게 충성하고 백성을 위한 일을 할 수 있다."

공도가 전제된다면 상대방의 진심과 대의를 신뢰할 수 있으니, 비록 생각이 다르고 방법론에 차이가 있더라도 협력이 가능하다는 것이다.

현대 사회에서도 마찬가지다. 규모가 크건 작건 조직을 운영하는 데 있어 의견의 대립이나 충돌이 없을 수 없다. 상황을 어떻게 진단했느냐에 따라, 어떤 가치를 보다 중시하느냐에 따라 좋고 싫음에 대한 생각이 달라지고 옳고 그름에 대한 판단에 차이가 생겨난다. 우리 사회에서 쉽게 볼 수 있는 보수와 진보의 대립, 여야의 대립, 고용자와 노동자의 대립, 사업 부서와 지원 부서의 대립이 여기에 해당한다.

이러한 대립 자체는 각자가 처한 위치상 어쩔 수 없는 측면이 있다. 하지만 상대방의 처지를 이해하고 양보하며 차이를 좁혀야 시너지를 발휘할 수 있다. 갈등으로 인한 불필요한 힘의 낭비도 예방할 수 있을 것이다.

그러기 위해선 무엇보다 법과 원칙이 지켜지고, 공동체가 바르고 공정하게 운영되며, 다양한 이들의 다양한 생각이 막힘없이 소통되고, 상대방을 존중하는 문화가 마련되어야 한다. 김의정이 말한 공도의 뜻도 여기에 있다.

그런데 중종의 질문은 한 가지가 더 있다. 정책이나 사업을 추진할 때, 좋고 싫은 점이 분석되고 옳고 그른 점이 가려져 방향이 결정되었더라도 어떻게 진행하느냐가 중요하다. 중종은 일을 성공시키고자 적절한 속도를 찾는 방법에 대해서도 물었다.

기존의 관행을 지키느라 머뭇거리고 어려움을 구제하기 위한 노력을 하지 않으면서 저절로 안정되기만 바란다면, 종국엔 공공의 '의義'를 해치고 정치를 어지럽힐 것이다. 그렇다고 당장 눈에 보이는 결과를 기대하며 성급하게 폐단을 교정하려 들면 뭇사람들의 정서에 위배되어 바로잡으려고 할수록 더욱 부딪힐 것이다. 교정하되 부딪히지 않고 자연스레 하나로 귀결되게 할 수 있겠는가?

사회적으로 폐단이 불거졌다고 가정해보자. 문제점이 드러나 조속히 보완하고 바로잡아야 할 상황이라고 생각해보자. 그때 법이나 제도를 개정하려 들면 꼭 반대하는 사람들이 있다. 기득권을 침해당하는 사람이 저항하는 것일 수도 있지만, 단지 변화가 불편해서 또는 시끄러운 게 싫어서 비판하기도 한다.

이 반대에 어떻게 대응해야 할까? 소란이 이는 게 싫다며 머뭇거리고 안정이 중요하다며 기존의 질서를 유지하다 보면, 폐단은 점점 더 커져 공동체를 위협할 것이다. '좋고 싫음, 옳고 그름'에 대한 공동체의 판단도 혼란에 빠진다. 현상 유지의 명분을 찾고자 본질을 왜곡하고, 부득이하다는 핑계를 대며 잘못에 눈을 감아버리기 때문이다.

물론 당장 바꿔야 한다며 무작정 밀어붙이는 것도 정답은 아니다. 사람들의 정서를 헤아리지 못하고 현실 여건을 고려하지 않은 채 급박하게 바꾸려 들면 갈등이 거세질 수 있다.

더욱이 세심한 준비와 단계적인 일 처리가 전제되어야 겨우 성공할까 말까 한 일을 당장 개혁하겠다며 속도전을 벌이다 보면 일이 어그러지기 십상이다.

그렇다면 어떻게 해야 하는 걸까? 답은 새로울 게 없다. 현실과 이상을 종합적으로 고려한 가운데 공동체의 상황에 맞는 최적의 속도를 찾으면 된다. 다만 누구는 몰라서 실천하지 못하겠는가? 말은 쉽지만 행동으로 옮기기엔 어렵다.

이에 김의정은 조금 다른 표현을 사용한다. 그는 '충후忠厚'와 '정직正直'이 조화를 이뤄야 한다고 주장했다.

"선대의 유학자가 말하길, 정치를 함에 있어 정직하기만 하고 충후하지 못하면 점차 각박해지고 충후하기만 하고 정직하지 못하면 유약함으로 흐른다고 했습니다."

김의정의 말이 이어진다.

충후함을 마음가짐으로 삼되 근본을 잃어버리면, 단지 타인에게 원망을 사지 않는 걸 어진 덕으로 여겨 실천을 목표로 삼지 않습니다. 그저 용납되기만 바라고 시키는 대로 순종하며 구차하게 현상을 유지하는 걸 편안하게 여깁니다. 그리되면 처음에는 일이 망가지고 종국에는 간사함이 생겨나니 충후만 옳다고 여기는 자의 폐단이 이와 같습니다. 정직함을 마음가짐으로 삼되 근본을 잃어버리면, 명확하게 하는 것에만 힘쓰고 오로지 살피기만 하여 눈앞의 일은 비록 빠르게 처리되는 듯 보여도 경도經道에 도달하고 원대함에 이르는 데는 방해가 됩니다. 그리되면 처음에는 열렬하다가도 오래 지나지 않아 부족해지니 정직만 옳다고 여기는 자의 폐단이 이와 같습니다.

충후와 정직의 조화

'충후'와 '정직'은 마음가짐을 나타내는 단어다. '충후'가 정성스럽고 온화하며 포용하는 마음을 뜻한다면 '정직'은 꾸밈이나 거짓이 없고 바르고 올곧게 임하는 마음을 말한다. 전자가 포용과 화합, 양보와 소통을 끌어낸다면 후자는 일을 정정당당하면서

빈틈없이 처리할 수 있게 해준다.

이 둘은 본래 조화를 이뤄야 하는데, 사람들은 어느 한쪽에 치우치는 경우가 많다.

욕먹는 게 싫어서, 괜한 평지풍파를 일으키기 싫어서 충후를 강조하다 보면 현상을 유지하기는커녕 오히려 퇴보할 수 있다. 충후만으로는 현실의 문제점을 개선하거나 해결하지 못하기 때문이다.

그렇다고 정직하기만 하면 어떻게 될까? 개혁의 당위를 강조하며 반대하는 사람을 배척하고 현실에 대한 고려 없이 밀어붙이기만 하면 거센 저항에 직면하기 마련이다. 더욱이 이런 사람들은 자기주장만 옳고 명분도 자기가 가지고 있다고 생각하기 때문에 타인의 의견을 들으려 하지 않는다. 김의정의 표현대로 각박해지는 것이다. 당장은 추진력이 강해서 일이 착착 진행되는 것처럼 보여도, 얼마 가지 않아 좌초하고 만다.

김의정이 "충후함으로써 근본을 기르고 정직함으로써 말단을 다스려야 한다."라고 제안하는 건 그래서다. 어진 마음으로 포용하는 덕을 중심에 두되 구체적인 일들에 있어선 맺고 끊음을 분명하게 하라는 것이다.

한데 이런 의문이 들 수도 있겠다. 개혁의 성격이나 대상에 따라 충후함으로 포용하려 들다간 골든 타임을 놓칠 수 있지 않겠냐는 것이다. 오로지 목표만 보고 단호하고 신속하게 속도전을 벌여야 할 때도 있으니 말이다.

맞는 말이다. 하지만 이는 예외적인 경우고 일반적으로 일을 추진할 때는 절대로 과격하거나 급진적이어선 안 된다. 개혁은 소수의 힘만으로 완수하기 어렵다. 기득권과의 대결이 필요할 때는 더욱더 그렇다. 배제보다 통합의 논리로, 개혁할 핵심 대상 외에는 모두 포용해 동참시켜야 한다. 설득하고 타협해서 편을 늘려야 비로소 바꿀 수 있고 개혁에 성공할 수 있다.

중종의 질문과 김의정의 대책은 공동체의 의사결정과 사업 추진 과정에서 참고할 만하다. 경영의 모든 행위는 좋고 싫음, 옳고 그름의 판단 위에서 이뤄진다.

지금 상황에서 적절한 선택과 필요한 조치는 무엇인가, 이를 위해 공동체가 가진 인적·물적 역량을 어떻게 배치하고 운용해야 하는가를 결정해야 하며, 공동체에 좋은 것과 옳은 게 무엇인지에 대한 고민 속에서 답을 찾고자 한다.

문제는 구성원마다 생각하는 답이 다를 수 있다는 것이다. 따라서 활발한 토론과 의견 교환을 통해 합의를 끌어내고, 여러 의견의 장점을 수용해 보완함으로써 선택한 답을 강화해 나가는 과정이 필요하다.

이 노력이 막힘없이 이뤄지기 위해선 투명하고 공정한 조직문화가 전제되어야 한다는 게 김의정이 강조하는 메시지다. 올바른 의사결정이 이뤄질 거라는 믿음이 깔려 있어야 하고, 다른 관점이나 반대 의견에 대한 존중이 체질화되어야 기꺼이 차이를 좁혀갈 수 있기 때문이다.

아울러 그렇게 결정된 공동체의 판단은 포용력을 갖추면서도 단호하게, 차분하면서도 중단 없이 실천되어야 한다. 충후한 마음과 정직한 태도로 추진해 나간다면 개혁하되 좌초하지 않고 성공할 수 있을 것이다.

 김의정은 누구인가

김의정(金義貞, 1495~1547). 호는 잠암潛庵으로 여덟 살 때 글을 지을 정도로 재주가 뛰어났다. 1526년 과거에 급제한 후 홍문관 수찬, 사간원 정언 등을 역임했는데 당대의 권력자 김안로의 미움을 받아 파직되기도 했다. 기묘사화를 주도한 심정과 가까웠기 때문에 좋지 않게 보는 사람도 있었다. 인종이 죽은 뒤에는 더는 관직에 나서지 않았다.

10장

인재가 넘쳐나게 할 방법은 무엇인가

× 명종이 묻고 양사언이 답하다 ×

선비의 기상은 나라의 근본이 되는 바탕이다. 선비가 융성한가 쇠약한가에 따라 국가의 흥망이 결정된다. 요순이 다스리던 세상은 선비의 기상이 더할 나위 없었다. 진나라와 한나라 이후 이 기운을 배양해 나라의 명맥을 굳건히 한 자와 반대로 나라의 명맥을 손상한 자를 일일이 열거해볼 수 있겠는가? 그들이 시행하고 조치한 바가 어떤 성과를 거뒀든지, 어떤 점에서 실패했는지, 그리고 좋았던 점은 무엇이고 나빴던 점은 무엇인지를 자세하게 설명할 수 있겠는가? 우리나라는 선비의 기강을 중시하고 선비의 절개를 격려하는 등 그들의 기상을 배양하기 위해 노력해왔지만, 선비가 나약하고 구차스러워짐이 요즘보다 심한 때는 없다. 예의가 행해지지 않고 염치가 없으며, 기개와 절개가 땅에 떨어지

고 굽실거리는 게 풍조를 이뤘다. 선비가 이러하니, 나라의
근본은 대체 누구를 의지해야겠는가?

1546년, 이제 막 보위에 오른 명종은 전시에서 위와 같이 질
문했다. 선비는 재야에 있을 땐 비판적 지식인으로, 관직에 나와
선 관료이자 정치가로 활동한다. 국가 경영의 주축이 되는 필수
인적 자원이라 할 수 있다.

옛말에 "나무가 서 있어도 말라 죽지 않는 건 뿌리가 땅속 깊
이 내려 있기 때문이고, 물이 흘러도 마르지 않는 건 수원水源에
서 솟아나기 때문이다."라고 했는데, 나라의 뿌리를 깊게 내리고
나라의 인재가 마르지 않게 만들어주는 존재가 바로 선비다. 그
런데 그 중요한 선비의 수준이 크게 낮아졌으니, 나라의 앞날이
걱정이라는 것이다.

이 질문에 대해 양사언은 이렇게 답변[40]했다. "선비가 융성하
면 사특한 게 정의를 어지럽히지 못하고 그른 게 올바른 걸 흐리
지 못하니, 소인의 도가 소멸하고 군자의 도가 성대해질 겁니다."

당연한 말이다. 나라의 핵심 인재가 건강하면 자연히 나라도
건강해진다. 지혜롭고 능력 있는 인재가 올바름을 추구하고, 잘

---

40 양사언, 『봉래시집蓬萊詩集』 3권, 「전책殿策」.

못을 반성할 줄 알며, 기개를 가지고 있다면 부정이나 불의 따윈 자리하지 못할 것이다. 설령 실수하고 과오를 범하더라도 금방 바로잡아 갈 수 있다.

건강한 인재가 넘쳐나도록

그렇다면 어떻게 해야 건강한 인재가 넘쳐나게끔 할 수 있을까? 선비의 기상을 드높이고 선비를 융성하게 하려면, 어떤 노력이 필요할까?

양사언은 '한나라 고조가 노나라 땅을 지날 때 공자의 사당에 제사를 지낸 일' '엄광이란 선비가 동강에서 낚시질한 일' '한나라 환제 때 당고지화黨錮之禍의 일'을 예로 들며 설명했다.

한 고조 유방은 황제로선 처음으로 공자의 묘를 참배하고 공자에게 제사를 지냈다. 공자가 아무리 불세출의 성인聖人이고 위대한 학자더라도 신하의 반열에 있는 사람이다. 법도대로라면 황제가 그 앞에 절을 해선 안 된다. 그럼에도 유방은 공자를 극진히 예우함으로써, 공자의 가르침을 계승하고 선비를 존중하겠다는 메시지를 전달한 것이다.

다음으로 동강에서 낚시질한 일이란, 후한 때 엄광이라는 선비가 광무제의 간곡한 권유를 사양하고 은거하며 낚시질로 여생을 보낸 걸 가리킨다. 광무제가 인재를 발굴하고자 노력하고 우대했다는 의미와 함께 황제의 요청도 뿌리칠 수 있는 선비의 기개를 상징한다.

마지막으로 '당고지화'는 부정적인 사례다. 후한 환제 때 이응, 진번 등 유학자와 태학의 유생들이 환관의 전횡을 비판하자 환제가 이들을 체포해 처벌했고, 이 사건이 확대되어 유학자 수백 명이 죽임을 당했다. 불의에 항거하고 바른말을 한 선비들이 화를 당한 것이다.

고조, 광무제, 환제의 조치는 나라의 앞날에도 큰 영향을 줬다. 고조와 광무제는 황제가 직접 학문 진흥에 관심을 가지고 선비를 우대함으로써 인재가 넘쳐났다. 덕분에 정치가 안정되고 좋은 정책이 나오면서 국가가 번영할 수 있었다.

이에 반해 환제의 시대에는 인재들이 침묵하거나 아예 조정에서 탈출해 숨어버렸다. 국정이 문란해진 건 당연한 귀결일 것이다. 환제가 정치를 망쳐놨기 때문에 뒤이어 즉위한 영제 때 열명의 환관, 이른바 '십상시十常侍'가 황제의 눈과 귀를 가리고 국정을 농단했고 결국 황건적의 난이 발발했다. 우리가 잘 알고 있는 『삼국지』의 초기 배경이 바로 이 시대다.

과거 중국 황제들의 사례긴 하지만, 현대 사회에서도 명심해

양사언이 지은 『봉래시집』
ⓒ서울대학교 규장각 한국학연구원

야 할 부분이 있다. 리더가 인재를 우대하고 인재가 리더에게 거침없이 자기 생각을 말할 수 있는 조직에는 좋은 인재가 몰릴 수밖에 없다.

이에 비해 인재를 소모품으로 생각하고 마음에 들지 않는다며 쉽게 내쳐버리는 조직에는 좋은 인재가 남아 있을 리 없다. 리더가, 그리고 조직이 인재를 어떻게 대하느냐가 조직의 성패를 좌우하는 것이다.

리더라면 대부분 이미 잘 알고 있다. 알면서도 실천하지 못하는 이유는 리더 본인이 태만한 탓도 있겠지만, 구체적으로 어떻게 해야 할지 잘 몰라서이기도 하다.

인재도 인재지만 리더야말로 중요하다

양사언은 몇 가지를 제안한다.

우선 "임금이 원칙을 가지고 인재를 이끌어야 한다." 인재는 무조건 잘해주기만 한다고 얻을 수 있는 게 아니다. 상황에 따라 이랬다저랬다 해서도 안 된다. 기준과 원칙을 정하고 인재를 대해야 공정할 수 있고 인재도 리더를 신뢰할 것이다.

두 번째는 "임금이 좋고 싫어하는 걸 아랫사람에게 내보여선 안 된다." 윗사람이 특정한 걸 좋아하거나 선호하면 아랫사람도 따라간다. 아부를 하기 위해서 혹은 윗사람의 눈치를 보느라 다른 선택지를 고르지 못한다. 그리되면 당연히 불만이 쌓일 수밖에 없다.

아랫사람의 생각을 듣고 아랫사람의 성향을 잘 파악하기 위해서라도 리더는 자신의 호오^{好惡}, 좋아하고 싫어하는 바를 먼저 드러내면 안 된다.

세 번째로 "임금에게 엄한 스승이 있어야 한다." 군주가 스승을 깍듯하게 모시고 그의 가르침을 경청하면, 다른 사람들 역시 각자의 스승을 존경하고 배움에 힘쓸 거라는 것이다. 임금이 어려워하는 사람이 있어야 한다는 뜻이기도 하다.

임금은 나라 안에서 가장 높고 귀한 존재다. 무소불위의 힘을 휘두를 수 있다 보니 제멋대로 행동하기 쉽다. 아첨하는 사람들은 임금이 어떤 말을 하든 머리를 조아리며 "영명하신 판단입니다" "지당하시옵니다"라고 아뢰니, 지혜와 경험이 아직 부족한데도 자만하고 자신의 결정이 무조건 옳다며 고집한다.

그런 임금을 긴장시키고 반성하게 만들며 시의적절하면서도 깊이 있는 조언을 해주는 사람이 있다면, 적어도 그 임금은 나쁜 길로 빠지진 않을 것이다.

더구나 직언은 듣기에 거북한 말인 경우가 많다. 임금이 스승을 어려워하고 존경해야 듣기 싫은 말도 수용할 수 있다. 설령 진심으로 존경하지 않더라도, 스승의 가르침을 존중하고 스승을 함부로 대해선 안 된다는 도덕적 의무를 확립해놓아야 듣는 척이라도 할 것이다.

양사언의 제언은 임금에게만 도움이 되는 게 아니다. 그리고 꼭 스승이어야 하는 것도 아니다. 부모님이나 상사, 친한 선배여도 좋고 친구나 후배, 아랫사람이어도 좋다.

내가 잘못했을 때 직언해줄 수 있는 사람, 선택을 고심할 때 좋은 의견을 줄 수 있는 사람, 믿고 의지하기 때문에 그의 말이라면 반드시 귀 기울이게 되는 사람, 존경하기 때문에 함부로 대할 수 없는 사람.

이런 사람을 곁에 둬야 한다. 이런 사람이 있다면, 내가 잘못된 길로 빠지는 일이 없을 것이고 나는 꾸준히 성장할 수 있을 것이다.

이 밖에도 양사언은 '선비를 발굴하고 육성할 수 있는 능력을 갖추고자 아침저녁으로 배움에 힘쓸 것' '현자賢者를 얻어 교육을 담당하게 할 것' '뛰어나고 어진 사람을 등용해 보좌를 맡길 것' '선비를 적재적소에 배치하는 데 있어 품계에 구애받지 말고 근무한 세월을 따지지 말 것' '끝없는 용기와 흔들리지 않는 지혜로 굳게 지켜나갈 것' 등을 건의했다.

종합하면 인재가 일하고 싶은 환경을 만들어야 한다는 것이고 인재가 존중받는 문화를 조성해야 한다는 것이다. 또한 리더는 관성에 물들고 나태하지 않도록 끊임없이 노력해야 한다는 것이다.

선비의 기상이 융성해지기 위해선 선비 개개인의 노력도 중요하지만, 무엇보다 임금의 책임이 막중하다는 게 양사언이 전하고 싶은 당부다.

명종은 양사언의 대책을 유념하고 인재를 육성하고자 노력했을까? 앞서 부정적인 사례로 후한 환제 때 '당고지화'를 소개한 바 있다. 명종 때도 유사한 일이 벌어졌다.

수렴청정하던 어머니 대왕대비 문정왕후와 외삼촌 윤원형

일파가 벌인 일이긴 하지만, 같은 해에 '을사사화乙巳士禍'가 일어
나 유관, 유인숙 등 명망 있던 재상들이 죽임을 당하고 수많은
사림이 참화를 입었다. 존경받는 학자인 이언적이 이때 고초를
겪고 이황이 파직당하기도 했다.

그러니 인재들이 조정에 남아 있으려 할까? 대부분 은거를
택하고 조정을 외면했다. 명종은 첫 단추를 잘못 끼웠고 그 때문
에 재위 기간 내내 인재 부족에 시달렸다.

역사로부터 교훈을 얻지 못한 결과다.

양사언은 누구인가

양사언(楊士彦, 1517~1584). 호는 봉래로 1546년 문과에 급제한 이래 주로
지방 수령을 지냈다. 문장이 뛰어났으며, 안평대군·김구·한호(한석봉)와
함께 조선 전기 4대 명필로 꼽힌다. 남사고에게 역술을 배워 임진왜란이
발발할 걸 정확히 예언했으며, 재산을 전혀 남기지 않았을 정도로 청렴했
다고 한다.

11장

공부할 때 필요한
네 가지 조목에 대하여

× 선조가 묻고 조희일이 답하다 ×

우리가 공부하는 이유는 무엇일까? 사람마다 다를 것이다. 하지만 어떤 이유로 공부하든 궁극적인 목적은 자신을 성장시키는 데 있다. 내가 더 나아지려고 공부하는 것일 테니까 말이다.

그렇다면 공부는 어떻게 해야 할까? 어디에 주안점을 둬야 할까? 정답은 없겠지만 참고할 만한 글이 있다. 1602년, 선조 35년에 열린 별시로 가보자.

이날 출제된 문제는 두 가지다. 우선 첫 번째 질문은 공자와 맹자의 학설에 송나라 성리학자인 주돈이와 장재가 각각 새로운 개념을 추가하고 부연하는 설명을 덧붙였는데, 그래도 되냐는 것이다.

지금의 관점에서 보면 당연히 할 수 있는 행위다. 성인聖人이라 해서 무오류일 수 없고, 또 학문이라는 건 이론을 계속 더하며 발전시켜 가는 것이기 때문이다.

하지만 전통 유교 사회에선 성인의 가르침을 절대불변의 진리로 여겼다. 자기 마음대로 해석하거나 함부로 고치고 새로운 내용을 추가할 수 없었다.

이에 대해 조희일은 공자와 맹자의 학설은 그 자체로 완벽하지만, 주돈이와 장재를 통해 후대 학자들이 이 문제를 더욱 정확히 이해할 수 있게 되었으니 두 사람의 작업이 의미 있다고 평가했다. 그런데 보다시피, 이 문제는 지금 우리에게 공감을 줄 수 있는 내용이 아니라 더 깊게 들어가지 않을 생각이다.

대신 두 번째 질문인 "공부에는 네 가지 조목이 있으니 바로 존양存養, 성찰省察, 치지致知, 역행力行이다. 그에 대해 자세히 말해 볼 수 있는가?"에 대한 조희일의 답변[41]을 중점적으로 살펴볼 것이다.

옛날 학자들은 반드시 자신이 처한 상태에서 순차적으로 공력을 쌓으며 나아갔지, 갑자기 단계를 훌쩍 뛰어넘어 어려운 공부를 하지 않았습니다. 대체로 학문하는 데는 네 가지 조목이 있고, 그 넷에는 단계가 있고 차례가 있습니다. 공부

---

41 조희일, 『죽음집竹陰集』 13권, 「천리인리天理人理」.

할 때는 먼저 사물의 이치를 깨달아 학문하는 계제이자, 도道를 향해 나가는 표적으로 삼아야 합니다. 다음으로 홀로 있을 때를 삼가고 절제함으로써 내면을 심히 엄숙하게 하고, 밖으로 표출하는 언행을 살펴 몸가짐을 심히 정중하게 해야 합니다. 이미 알고 있는 걸 더욱 깊이 궁구해 파고들고, 지금 내가 알고 있는 것으로 충분하다며 학문 정진을 그만둬선 안 됩니다. 또한 선한 일을 봤으면 반드시 실천해야 하니, 내가 행한 게 충분하다고 여겨 선행을 그만둬선 안 됩니다. 학문의 본원으로부터 일상의 자잘한 일들까지 모두 갖추고, 내면과 외면을 모두 닦아 독실하게 실천해 밝게 빛내야 합니다. (...) 학문을 구하는 방도란 무엇을 먼저 해야 할지를 먼저 알고, 차례로 실천해가는 것이라 하겠습니다.

어떤 공부를 하든 첫걸음은 이론을 배워 익히는 것이다. 무엇이 옳은지 그른지 또 이것은 왜 맞고 저것은 왜 틀렸는지, 이치를 알고 원리를 깨달아야 한다. 그래야 실천하고 응용도 할 수 있다. 그런데 공부를 통해 지식을 쌓고 원리를 이해했다고 해서, 곧바로 내 것이 되진 않는다.

선조에겐 성의가 필요했다

이 과거시험을 주관한 선조를 예로 들어보자. 선조는 당시로선 최초로 방계傍系이자 서손庶孫이 왕이 된 사례다. 방계란 아들, 손자 등 왕의 직계가 아니라는 뜻으로, 선조는 선왕인 명종의 조카다. 더욱이 그는 중종의 서자 덕흥군의 아들로, 명종의 명시적인 후계자 지명도 받지 못했다. 조선 후기로 가면 적자가 아니어도 왕위를 계승하는 경우가 종종 나오지만, 이때까지만 해도 없었던 일이다.

이처럼 선조는 정통성이 부족했기 때문에 매일같이 경연에 나가 열심히 공부하는 모습을 보였다. 왕으로서 자질이 충분하다는 걸 보여주려는 목적이었다.

당시 경연에서 선조를 가르친 스승은 퇴계 이황, 소재 노수신, 고봉 기대승, 율곡 이이, 우계 성혼 등 조선 역사를 통틀어서도 손꼽히는 석학들이었다. 더구나 조선 제왕학의 전범으로 불리는 이황의 『성학십도聖學十圖』와 이이의 『성학집요聖學輯要』는 다름 아닌 선조를 위해 저술한 일종의 교과서다.

그러니 선조는 왕으로서 갖춰야 할 기본 소양을 누구보다도 잘 배웠을 것이다. 왕으로서 무엇을 해야 하는지, 하지 말아야

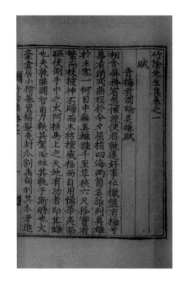

조희일이 지은 『죽음집』
ⓒ한국민족문화대백과사전

하는지, 왕은 어떤 자세를 가져야 하는지에 대해 귀에 못이 박히도록 들었을 것이다.

한데 선조는 왜 그토록 못난 모습을 보였을까? 그는 오만하고 독선적이었으며, 신하들을 의심하며 수많은 과오를 저질렀다. 성학聖學[42]을 배워 성군이 되어달라는 이황과 이이의 간절한 바람에 부응하지 못한 것이다.

배우지 않아서가 아니다, 뭘 몰라서 그런 게 아니다. 왕으로서 무엇이 올바른 행동인지 머리로는 알고 있었지만, 반드시 그

---

42 성군이 되기 위한 공부, 즉 임금이 해야 할 공부라는 뜻이다.

렇게 행동해야 한다고 마음먹지 못했기 때문이다. 왕으로서 그렇게 행동해선 안 된다는 걸 배웠지만 진심으로 수긍하지 못했기 때문이다.

이와 같은 일을 막으려면 『대학』에서 강조하는 '성의誠意'가 필요하다. '성의'란 나의 뜻을 정성스럽게 하는 것이다. 스스로에게든 타인에게든 속이는 바가 없고, 항상 일관되며, 진심으로 최선을 다하는 걸 말한다.

『대학』에선 '성의'를 위한 구체적인 요령으로 '홀로 있을 때를 삼가는 것[신기독愼其獨]'과 '자기 자신을 속이지 않는 것[무자기毋自欺]', 두 가지를 제시한다.

먼저 '홀로 있을 때를 삼간다'란 타인이 보는 앞에서나 혼자 있을 때나 한결같아야 한다는 뜻이다. 우리는 보통 남들이 보는 앞에선 행동을 조심한다. 체면 때문일 수도 있고, 좋은 인상을 심어주고 싶어서일 수도 있고, 그도 아니면 비난을 듣기 싫어서일 수도 있는데 어느 쪽이든 타인의 시선을 의식하며 행동한다.

반면 혼자 있을 땐 쉽게 흐트러진다. '아무도 안 보는데 어때?'라고 생각하면서 나태하게 행동하고, 몸가짐을 함부로 하며, 규칙을 위반한다. 이는 위선이다. 혼자 있을 때 바르지 못한 사람은 남들이 보는 앞에서 잘하는 척, 바른 사람인 척 행동하더라도 오래 지속되지 못한다. 이내 실체가 드러나고 말 것이다.

두 번째 '자기 자신을 속이지 않는 것'은 변명이나 자기 합리화 또는 자기기만을 하지 않는 것이다. 그 말이 옳다는 사실을 알고 있으면서도 단지 그 말을 한 사람이 싫어 반대하는 것, 마음의 상처를 받지 않고자 구실을 찾는 것, 혼나는 게 싫어 변명하거나 남 탓을 하는 것, 자기 편의 과오나 실수를 인정하지 않고 어떻게든 옹호하려 드는 것, 좋은 뜻에서건 나쁜 의도에서건 본심과 다른 말을 꺼내는 것, 응당 해야 할 일이라는 걸 알면서도 외면하는 것, 이 모두가 자기를 속이는 행위다.

사람은 죄책감이나 불안감을 억누르기 위해 혹은 사사로운 욕심을 충족하기 위해 자신을 자주 속인다. 그러니 항상 주의 깊게 살펴 그런 싹이 보이는 순간 곧바로 잘라버려야 한다고 조희일은 말한다.

정리하면, 사람은 '홀로 있을 때를 삼가'고 '자기 자신을 속이지 않음'으로써 '성의'를 실현할 수 있다. 다만 그 길은 매우 험난하다. 다름 아닌 '마음' 때문이다. 마음은 내 것이지만 정작 내가 제어하기 어렵다.

도덕을 실천하고, 의지를 발휘하고, 포기하지 않고 꾸준히 노력하도록 만들어주는 것도 마음이지만 게을러지고, 자기 합리화하고, 거짓말하고, 악을 행하게 하는 것도 마음이다. 마음은 본능과 욕망, 감정의 영향을 받기 때문이다.

그래서 『대학』에선 '성의' 다음에 마음을 바르게 하라는 '정심正心'이란 조목을 두고 있다. 공부에서 '존양'과 '성찰'이 강조되는 이유다.

조희일은 '존양'을 "내면을 삼가고 절제해 마음을 단정하게 하는 것"이라고 설명하는데, 자세히 말하면 마음이 악으로 흐르지 않고 선을 보존하는 게 '존'이고 마음이 항상 맑고 투명하게 유지되도록 역량을 키우는 게 '양'이다.

성찰과 존양이 필요하다

공부의 처음으로 돌아가보자. 열심히 공부해서 지식을 쌓았고 원리와 이치를 깨쳤다. 한데 내 마음이 바르지 못한 상태라면 어떻게 될까? 편견과 선입관에 둘러싸여 있고, 감정이 치우쳐 있으며, 욕망의 영향을 받고 있다면? 평정심을 유지하지 못해 계속 흔들리고 있다면? 이런 상태에선 나의 인식과 판단 능력이 제대로 작동하지 못한다. 나의 배움을 온전히 구현하기 어렵다. 심지어 깨달음이 변질되거나 왜곡될 수도 있다.

그러므로 마음의 중심을 잡고 마음이 바르고 투명하게 작동할 수 있도록 '존양'이 필요한 것이다. 존양은 '정심'의 전제일 뿐만 아니라 '성의'를 위해서도 꼭 필요하다.

'존양'이 내면을 바로잡는 공부라면 '성찰'은 외면, 즉 밖으로 표출된 나의 말과 행동을 교정하는 공부다. 조희일은 성찰에 대해 "행실을 살펴 몸가짐을 신중히 하는 것"이라고 했다. 내가 그릇된 언행을 했다면, 왜 그랬는지를 곰곰이 살펴보고 반성해 다신 같은 잘못을 반복하지 않는 게 성찰이다.

'성찰'은 '존양'과 별개의 것이 아니다. 밖으로 표출되기 전 마음의 단계에선 존양이 적용되고 외부로 표출된 후에는 성찰해야 하는 것이다. 마음이 바르면 행동이 발라지지만, 행동을 가다듬고 신중히 해도 마음이 정돈되는 효과를 가져올 수 있다. 즉 '존양'과 '성찰'은 함께 병진해야 하는 것이다.

공부는 '치지'를 토대로 '존양'과 '성찰'을 통해 영글어진다. 이것으로 끝일까? 공부에서 가장 중요한 건 독실하면서도 꾸준히 노력하는 것이다. 알고 깨달았으니, 충분하다며 공부를 멈춰선 안 된다. 계속 배우고 익히며 "이미 알고 있는 걸 바탕으로 더욱 깊게 학문을 연마해야 한다." 그래야 계속 성장할 수 있다.

또한 배웠으면 반드시 실천하고자 노력해야 한다. 깨달음이 단지 머릿속 지식으로만 남는다면 결코 삶을 변화시키지 못한다. 이 과정을 평생토록 이어가는 것, 거기에 자신의 힘을 남김없이 쏟아내는 게 바로 '역행'이다.

조희일의 책문을 보면 지레 공부가 어렵다고 생각할지도 모르겠다. '치지' '존양' '성찰' '역행' 같은 낯선 성리학 용어가 나열되고 있으니 말이다.

그러나 조희일은 기본 중에서도 기본을 말하고 있다. 공부할 땐 치열하게 파고들어 원리를 이해해야 한다는 것, 깨달은 내용을 실천해 내 것으로 만들어야 한다는 건 오늘의 우리에게도 필요한 말이다. 나의 마음가짐과 행동을 바르게 하여 깨달은 바를 올바로 구현하고 꾸준히 최선을 다해야 한다는 것도 마찬가지다. 이렇게 순차적으로 공력을 쌓아야 더 나은 나를 만들어갈 수 있다.

조희일은 누구인가

조희일(趙希逸. 1575~1638). 호는 죽음竹陰으로 조선 중기에 활약한 문신이자 서화가다. 시인으로도 명성이 높았다. 1601년 진사시에 장원으로 급제했는데 선조가 그의 답안을 보고 극찬했다고 한다. 아버지 조원, 아들 조석형과 함께 3대가 진사시에 장원한 것으로도 유명하다. 예조참판, 승문원 제조, 경상도 관찰사 등을 역임했다. 병자호란이 끝나고 삼전도 비문을 쓸 후보로 지목되기도 했는데, 일부러 졸렬한 글을 써서 회피한 바 있다.

12장

나라의 우환과 조정의 병폐는
임금의 책임이다

× 광해군이 묻고 임숙영이 답하다 ×

어떤 시험이든 제시된 문제와 상관없는 답을 작성하면 0점 처리
될 수밖에 없다. 이를 뻔히 알면서도 다른 내용으로 답안을 채웠
다면, 애초에 답할 능력이 없었던 게 아닌 이상 불이익을 감수하
고서라도 꼭 하고 싶은 말이 있어서였을 것이다.

　1611년, 광해군 3년에 시행된 별시에서 임숙영이 그러했듯
이 말이다.[43] 그때 광해군은 당시 국가가 당면하고 있던 네 가지
문제에 대한 해결책을 물었다.

　나라를 다스리는 요령은 당면하고 시급한 일이 무엇인지를
　잘 파악하는 데 있다. 만약 시행하고 조처하는 바가 알맞지

43　임숙영, 『소암집疏菴集』 8권, 「신해전시대책辛亥殿試對策」.

못하면 비록 날이 새기 전에 일어나 옷을 차려입고 밤늦게 저녁을 먹을 정도로 부지런히 애쓴다고 해도 끝내 위태롭고 망하게 되는 일을 면하지 못할 것이다. 옛날 요순시대와 삼대에는 어떤 일에 힘을 쏟았기에, 시행하고 조처했던 일들이 마땅함을 얻고 오랫동안 나라의 안정을 유지할 수 있었는가? 한나라와 당나라 이후로는 어떤 일에 힘을 쏟았기에, 시행하고 조처했던 일들이 대부분 마땅함을 얻지 못하고 혼란과 쇠망이 계속되었는가? (...) 널리 인재를 구해 나랏일을 해결하는 데 의당 힘써야 하지만 선비들의 의견이 달라 방책을 내지 못하니, 서로 공경하고 마음을 합하는 미덕을 볼 수가 없다. 누적된 폐단을 제거해 지치고 힘없는 백성을 소생시키는 게 의당 힘써야 할 일이지만, 공물貢物을 쌀로 바꿔 간사한 행위가 일어나지 않도록 막는 일에 대해 어떤 이는 '임토작공任土作貢'[44]에 어긋난다며 회의적인 반응을 보인다. 경계經界를 바로잡는 일에 의당 힘써야 하지만, 남양南陽에 개간한 땅은 실제와 다르다. 호적은 의당 정리되어야 하지만, 호패법에 대해 소요가 생길 거라며 염려하는 사람들이 있다. 어떻게 해야 이 일들을 해결해갈 요점을 얻을 수

---

44 각 지역에서 산출되는 토산물을 바친다는 뜻으로, 공납제도의 기본 원칙이다.

있을지 모르겠다. 이 네 가지 사안 외에도 힘써야 할 일이
또 있는가?

임숙영의 답변을 보기에 앞서, 광해군이 언급한 네 가지 사
안을 간단히 짚고 넘어가자.

선비들의 의견이 다르다는 건 붕당의 갈등을 가리킨다. 광해
군 대의 집권당파는 대북파다. 선조 때 동인이 남인과 북인으로
갈라졌고 북인이 다시 대북과 소북으로 분기했는데, 광해군 집
권 이후 대북파가 독주하면서 서인과 남인 계열 신하들과 갈등
을 빚고 있었다.

다음으로 공물은 거주하는 지역의 토산물을 현물로 나라에
바치는 것으로 토지세, 역役과 함께 백성이 나라에 지는 3대 의
무 중 하나였다. 그런데 이 공물에는 근본적인 문제가 있었다.
공납貢納의 품목과 수량, 지역별 할당량이 고정되어 있다 보니,
토산물 산출 환경이 변하거나 해당 지역에 재해가 발생하면 납
부에 어려움이 있었다. 생산자냐 아니냐에 따라 같은 고을 안에
서도 부세 불균형이 발생하기도 했다.

그래서 관리나 상인이 공물을 대신 납부해주는 '방납防納'이
라는 제도가 생겨났는데, 방납을 의무화하고 대가를 높게 책정
함으로써 백성들로부터 크게 원망을 사고 이를 해결하기 위해

토산물 대신 쌀을 납부하는 '대공수미법代貢收米法'[45]이 추진되었는데, 찬반이 갈려 결론을 내지 못하고 있다는 것이다.

다음으로 토지의 경계를 바로잡는 일은 민생 안정뿐 아니라 세수를 늘리는 일과도 직결되어 있다. 세수를 확보하려면 세원稅源인 토지를 측량해 고을별로, 가구별로 소유한 면적을 정확히 파악해야 한다. 조세 부과 대상에서 누락된 토지도 찾아내야 했다. 그렇다고 무작정 백성의 조세 부담을 높였다가는 저항이 벌어질 수 있다. 그래서 경기도 남양에 간척지를 얻은 걸 계기로

임숙영이 지은 『소암집』
ⓒ한국민족문화대백과사전

---

45 훗날 대동법으로 발전한다.

토지제도를 정비하겠다는 뜻이다.

호적을 정리하는 것도 마찬가지다. 호적은 인구를 파악하고자 만든 제도로, 조선에선 성인 남자에게 자신의 신상정보가 적힌 호패를 패용하도록 하고 나라에서 직접 관리했다. 이 호패가 각 고을의 호구수를 파악하고 역을 부과하는 근거 자료 역할을 한다.

그런데 백성이 이 법을 불편하게 생각했기 때문에 조선시대 내내 시행과 폐지를 반복했고 마침 이때 폐지된 상태였다. 광해군은 군역에서 빠진 사람들을 찾아내고자 호패법의 재도입을 추진한 것이다.

임숙영이 시급하게 본 것들

임숙영은 이 문제들에 대해선 답변하지 않았다. 그는 광해군이 언급한 네 가지 사안이 시급하긴 하지만, 임금과 신하가 서로 마음을 합해 공경하고 협력하면 해결할 수 있다고 봤다. 상황에 맞게 가장 합당한 방법을 찾고 신축성 있게 처리하면 될 일이라고 말한다. 그러며 다음과 같이 주장했다.

지금 전하께선 나라의 큰 우환과 조정의 큰 병폐에 대해선 하문하지 않으시니, 전하의 의중을 모르겠습니다. 어찌 자질구레한 일들 때문에 중요한 일을 도모하지 않고, 그저 덮어둔 채 의논하지 않으신단 말입니까? 징무가 번다하여 전하의 생각이 여기에 이르지 못하신 것입니까? 그게 아니라면 어찌하여 마땅히 물어야 할 것에 대해 하문하지 않으십니까? 신이 생각건대, 전하께서 마땅히 근심하셔야 할 일은 궁중의 기강과 법도가 엄하지 않은 것, 언로가 열리지 않은 것, 공정하고 바른 도리가 행해지지 않는 것, 국력이 쇠퇴한 것이라고 생각합니다. 이 네 가지는 국가의 위기와 멸망과 직결되고 재앙과 난리를 초래하는 것이라 그 형상과 자취가 뚜렷하게 드러납니다. 전하께선 마땅히 이 문제들을 언급하셨어야 합니다.

먼저 '궁중의 기강과 법도가 엄하지 않은 것'이란 왕비와 후궁들이 임금의 총애를 믿고 권력을 농단하며 매관매직하는 걸 가리킨다.[46] 임숙영은 "궁의 여인들은 정치에 관여해선 안 되는데, 오늘날 깊이 관여하고 있는 건 전하께서 간혹 그들의 말을

---

[46] 대표적인 인물이 광해군의 비선 실세였던 상궁 김개시다. 현대에 들어 김개시를 주인공으로 하는 사극 <서궁>이 제작된 적도 있다.

들어주기 때문입니다."라며, 이들과 결탁해 부당한 방법으로 출세하려는 자들은 소인배에 불과하니 단호히 내치라고 주장했다.

요즘에도 나타나고 있는 문제다. 대통령이나 대기업 회장의 부인에겐 합법적인 권한이 없는데, 마치 자신이 대통령이고 회장인 것처럼 행동하는 사람들이 있다. 인사 문제에 개입하고, 공적 자원과 인력을 사적으로 유용하며, 남편의 권력을 악용해 자신의 이익을 도모한다. 주위를 아첨하는 사람들로 가득 채우며 뇌물과 청탁이 몰리는 통로가 되기도 한다. 이는 조직에 매우 나쁜 영향을 끼치므로, 그런 싹조차 고개를 들지 못하도록 엄격하게 단속하라는 것이다.

두 번째 '언로가 열리지 않은 것'이란 왕이 신하들의 말에 귀를 기울이지 않고 있다는 뜻이다. 임숙영은 광해군에게 직언한 간관諫官[47]들이 처벌받은 일을 거론하며 "임금의 허물을 바로잡으려다가 도리어 임금에게 죄를 얻었으니," 그로 인해 신하들이 "잘 보이고 즐겁게 하는 게 풍조를 이루고 부드럽게 꾸미는 걸 절개와 지조로 여겨 총애를 굳건히 하고 몸을 보존하는 계책으로 삼고 있다."라며 광해군을 강하게 비판했다.

그는 다음과 같이 말한다.

---

47 간언諫言. 즉 왕의 잘잘못이나 국정의 문제점을 지적하고 비판하는 업무를 담당하는 사헌부司憲府, 사간원司諫院. 홍문관弘文館의 관리를 말한다.

신하의 임무 중에 말로써 임금을 깨우치는 것보다 어려운 일은 없습니다. 신하가 임금의 잘못을 바로잡는다는 건 아랫사람이 윗사람의 실수를 따지는 일이니, 비록 임금이 마음을 비우고 경청하고 뜻을 굽혀 따른다고 해도 유순하고 마음이 약한 선비들은 지레 할 말을 다하지 못합니다. 하물며 화를 내고 받아들이지 않았을 뿐 아니라 그 말을 한 사람에게 죄를 묻는다면, 강직한 신하가 아니고서야 누가 나서서 전하께 하기 어려운 일을 하도록 권할 수 있겠습니까? 부디 전하께선 지난 잘못을 깊이 반성하시고 자신을 새롭게 할 계획을 세우셔서, 질문하길 좋아하고 어떤 말이든 기꺼이 잘 살폈던 순임금을 배우십시오. 좋은 말을 들으면 그 말을 해준 사람에게 감사하다며 절했던 우임금처럼 행동하십시오. 전에는 충고를 받아들이지 않으셨더라도 앞으로는 받아들이고, 처음에는 잘못을 고치지 못하셨더라도 종국에는 고치도록 하소서. 좋은 말과 훌륭한 계책을 널리 들을 수 있을 것이니, 아부하는 행태를 사라지게 하고 진실하고 올바른 절개를 장려할 수 있을 것입니다.

리더의 인품이 아무리 훌륭하고 평소에 아랫사람의 직언을 잘 수용하는 사람이라 해도, 그 앞에서 자기 생각을 남김없이 쏟아내기란 쉽지 않다. 리더를 화나게 할까 봐, 주제넘다고 찍힐까 봐 조심한다. 하물며 리더의 잘못을 강하게 비판하고 리더의 생각과 정반대되는 의견을 주장하는 건 엄두도 나지 않을 것이다.

한데 리더에게 포용력이라고는 찾아볼 수 없다면, 자기 생각만 옳다고 여기고 자기 뜻을 거스르는 사람은 용납하지 않는 성격이라면 어떻게 될까? 임숙영의 말처럼 사람들은 좋은 아이디어가 있고 시급히 지적해야 할 일이 있어도 입을 다물어버릴 것이다. 리더의 귀를 즐겁게 해주는 아부꾼들만 남을 것이다. 이런 리더가 성공하는 건 불가능하다.

다음으로 세 번째, '공정하고 바른 도리가 행해지지 않는 것'이란 어떤 상황일까? 임숙영은 "전하께서 다른 사람의 불공정한 행위가 싫으시다면, 반드시 자신을 살펴보셔야 합니다. 다른 사람에게 사사로운 마음이 없길 바란다면, 반드시 자기를 돌이켜보셔야 합니다."라고 했다. 임금이 솔선수범해 공정하고 바른 도리를 실천해야 구성원들도 따라 본받는다는 것이다.

그는 임금이 해야 할 모든 일들에서 "한 가지 생각도 공정함을 벗어나지 않게 하고, 한 가지 일도 공정함을 따르지 않는 경우가 없도록 해야 합니다."라고 강조했다. 특히 이 도리는 인사 문제에서 반드시 실천해야 하는데, "관직은 크건 작건 반드시 재능에 따라 천거해야 하고 작위는 높건 낮건 반드시 능력에 따라 천거해야 합니다. 이와 같이 하는 게 '공公'이고 이와 반대로 하는 게 이른바 '사私'입니다."라고 말한다. 하지만 광해군의 조정은 그렇지 못하다는 것이다. 임숙영은 인사가 '사'를 배척하고 '공'에 따라 운영해야, 등용된 인재가 임무에 합당한 권위와 힘을 발휘할 수 있고 최선의 성과를 낼 수 있다고 주장했다.

마지막 네 번째, '국력이 쇠퇴한 것'에 대해 임숙영은 "명철한 임금이 나라를 잘 다스릴 수 있는 이유는 근심이 없을 때 미리 경계하고 난리가 일어나기 전부터 미리 대비하기 때문"이라며, 비록 잘 다스려지고 있는 나라일지라도 위기가 벌어질 수 있는 요인이 있고 비록 어지러운 나라일지라도 잘 다스려질 여지가 있다고 말한다. 그는 광해군에게 간곡히 부탁했다.

전하께선 한때의 편안함에 만족하지 마시고 잠깐의 안정에 마음을 두지 마옵소서. 나라가 편안하더라도 근심이 있는 듯 여기고, 나라가 형통하더라도 운수가 막힌 듯 여기고, 나라의 살림살이가 풍성하더라도 곤궁한 듯 여기고, 국운이 성대하더라도 쇠퇴한 듯 여기시어, 근심해야 할 일에는 근심하고 힘써야 할 일에는 힘쓰셔야 합니다.

흔히 평화로울 때 위기를 대비하고 안락할 때 어려움을 이겨 낼 힘을 예비해야 한다고 말하지만, 실천하는 사람은 드물다. 모든 일이 다 잘 풀리고 있다며 안심하고, 위기 대응은 나중에 해도 될 일이라며 미룬다. 심지어 위기의 조짐이 보여도 애써 부정하며 외면하는 사람도 있다. 안락한 현실에서 벗어나기 싫은 것이다. 그러다 때를 놓치고 훨씬 적은 비용으로 대처할 수 있었던 기회를 잃어버린다.

임숙영이 보기에 광해군의 시대는 선대에 비해 상황이 조금 나아졌을 뿐 여전히 위기 국면이다. 그는 "전하의 나라는 난리가 일어나진 않았지만 위태로운 상황이니, 마치 나무가 속이 썩고 집이 안에서부터 무너지는 것과 같아 비록 겉모습은 괜찮은 듯하나 언제 쓰러지고 무너질지 모릅니다. 지금은 임금과 신하가 함께 경계하고 격려해 천명을 새롭게 해야 할 시기임에도 불구하고 한갓 겉치레만 일삼아 태평성대처럼 여기고 있습니다."라고 호소했다.

임숙영은 당장 국정을 일신하지 않으면 정말로 큰 난리가 날 거라며, 임금이 아첨에 현혹되지 말고 자만을 경계하며 힘써 수양하고 부지런히 정치에 임해야 한다고 강조하는 것으로 글을 마무리한다.

임금의 막중한 책무에 대하여

임숙영의 대책은 국가의 통치자이자 만백성의 모범이 되어야할 스승으로서, 임금의 책무를 강조하고 있다. 물론 광해군이 질문한 네 가지 사안도 중요하다. 다만 왕이 솔선수범하며 궁중과조정의 기강을 확립하고 자격 없는 사람들이 사적으로 국정에개입하는 것을 단호히 차단했다면, 신하들의 목소리에 귀를 기울이고 언로를 확충하며 공정하고 투명한 정치를 펼쳤다면, 현실에 안주하지 않고 세심하게 위기에 대비했다면, 자연스레 해결될 일이라는 것이다.

남은 이야기, 임숙영은 어떻게 되었을까? 왕의 정치를 강하게 비판해놓고 무사할 수 있었을까? 임숙영의 대책을 읽은 광해군은 "요사이 인심이 극악해 오로지 임금을 헐뜯고 욕하는 걸 능사로 여기고 있으니, 너무나 이치에 맞지 않다. 내가 임숙영의글을 보니, 그 답이 질문에서 벗어나 방자하기 이를 데 없고 거리낌 없이 패악한 말을 했다."[48]라며 임숙영의 이름을 '삭과削科', 즉 과거 급제자 명단에서 삭제하라고 명했다.

---

48 『광해군일기』 39권, 광해 3년 3월 17일.

전시殿試는 순위를 가릴 뿐, 합격을 전제하고 보는 시험인데 아예 급제 자체를 취소하라는 것이다. 문제와 상관없는 답을 써낸 걸 용인했다간 앞으로 제멋대로 답안을 작성하는 사람이 생겨날 거라는 이유였지만, 실상 글의 내용이 기분 나빴을 것이다.

그러자 온 조정이 나서서 삭과의 명을 거둬달라고 요청했다. 선비가 하고 싶은 말을 했다는 이유로 죄를 물을 순 없다는 것이다. 광해군은 어쩔 수 없이 받아들였지만 그를 괘씸하게 생각하는 마음은 사라지지 않았을 것으로 보인다.

임숙영은 누구인가

임숙영(任叔英, 1576~1623). 호는 소암疎菴으로 열 살에 시를 짓고 한 번 읽은 건 잊지 않을 정도로 총명했다고 한다. 전례와 고사, 씨족의 유래, 각 지방의 산천·도로·조세·민요까지 모르는 게 없었던 백과사전 같은 인물이었다. 또한 성품이 강직하고 고결해 광해군과 북인 정권의 잘못을 강력히 비판하다가 삭탈관직당해 쫓겨난 바 있다. 이후 오두막집에서 살며 죽도 제대로 못 먹을 정도로 생계가 어려웠지만 절대 타인의 도움을 받지 않았다고 한다. 인조반정으로 다시 관직에 나갔지만 그해 48세의 나이로 눈을 감았다.

13장

장수가 근본이고
병기는 말단이라는 깨달음

× 인조가 묻고 정두경이 답하다 ×

조선은 '문文'의 나라다. 유학이 문무겸전文武兼全을 강조한다고 해도 김종서, 권율, 곽재우, 이시백 같은 몇몇 인물만 모범을 보였을 뿐 '무武'는 뒷전이었다. 조선의 지배층인 '양반'은 문반(동반)과 무반(서반)을 합쳐 부르는 말이지만, 세상을 움직이는 주도권은 어디까지나 문신과 학자들이 가지고 있었다.

그래서였을까? 군주들이 국방력 강화에 힘썼던 초기를 제외하면 조선의 무력은 튼튼하지 못했다. 왜군에게 온 국토를 유린당하고 나라가 멸망 직전까지 내몰렸던 임진왜란, 순식간에 방어망이 뚫려 임금이 강화도로 피신했던 정묘호란, 굴욕적인 패배를 당했던 병자호란 등은 조선의 실태를 단적으로 보여준다.

1629년, 인조 7년에 치러진 별시 문과의 책문에는 이러한 상황을 타개하려는 움직임이 엿보인다. "군사에 관한 일을 몰라선

참된 유학자가 될 수 없다."라며 국방에 관해 문제가 출제된 것이다. 2년 전 정묘호란에서 후금의 군대에 처참하게 무너진 경험, 당시 후금의 동향이 심상치 않다는 우려가 위기의식을 끄집어낸 것이다. 구체적인 내용을 보자.

> 묻는다. 병가兵家에서 승리를 쟁취하는 도구에는 각각의 장기長技가 있다. 나의 장기를 가지고 상대방의 단기短技와 맞서야 성과를 거둘 수 있다. 그렇지 못하면 승리는 요원하다. (...) 생각하건대, 우리나라는 남북으로 적과 마주하고 있어 싸우고 지키는 방책을 평소에 세워놓았다. 하여 성지城池[49]가 깊고 단단하며 기계器械는 정밀하고 날카로운 편이다. 그런데도 임진년(1592)의 난리에는 모두 함락되어 나라가 뒤엎어졌으며 정묘년(1627)의 난리에는 오랑캐의 군마가 나라 깊숙이 쳐들어왔다. 장기를 제대로 쓰지 못해서인가? 강한 활과 건장한 말, 화포火砲와 병선兵船, 갑옷과 방패, 칼과 창 등 오랑캐들이 장기로 삼는 것들을 우리나라도 가지고 있다. 한데 오랑캐를 제압할 수 없었던 이유는 무엇인가? 기예技藝 외에 별도로 승리를 쟁취하는 요체가 있는가?

---

49 방어를 위해 성 주위를 둘러 파놓은 못.

『손자병법』에서 '피실격허避實擊虛', '실'을 피하고 '허'를 공격하라고 강조하듯, 적의 단점을 최대한 키우되 나의 단점은 드러나지 않게 하고 나의 장점을 최대한 활용해 적의 장점을 무력화하는 건 전쟁의 기본이다. 나의 장기로 적의 단기와 대결함으로써 승리를 가져오는 것이다.

문제는 적 또한 그렇게 생각하고 대응하리라는 점이다. 그렇다면 어떻게 해야 내가 의도한 대로 상황을 이끌 수 있는가? 더욱이 장기가 있다고 반드시 승리하는 것도 아니다. 조선은 장기를 가졌음에도 오랑캐를 제압하기는커녕 패배해 위기를 겪은 바 있다. 따라서 장기 외에 승리를 위해 필요한 요소가 또 있느냐는 질문이다.

좋은 장수를 찾아 등용해야 한다

이 시험에서 장원을 한 정두경의 답안[50]을 보자. 그는 서두에서 "싸워 이기는 방법은 만 가지로 같지 않지만 결국 우리의 장기로 상대의 단기를 공격하는 것에 불과할 따름입니다."라고 말한다. 전쟁에선 장기가 매우 중요하다는 것이다. 한데 장기는 고정불변이 아니다. 정두경에 따르면 그때그때의 '형세'와 부합해 상황

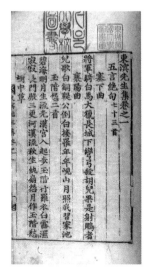

정두경이 지은 『동명집』
ⓒ한국민족문화대백과사전

을 유리하게 이용하냐 아니냐가 장기의 여부를 판가름한다.

예를 들어 임진왜란이 발발했을 당시 조선은 강력하고 정예
로운 중장기병을 보유하고 있었다. 북방의 여진족을 제압하고자
운용한 부대다. 개전 초기 이 부대를 이끌고 왜군을 저지하고자
출정했던 신립은 높은 지대에서 활과 화살로 왜적의 조총에 맞
서야 한다는 의견을 묵살하고 평야에서 기병 돌격전을 벌였다.
평지에선 기병이 유리하다는 고전적인 전략에 따른 것이다.

하지만 신립이 전투를 벌인 충주 탄금대에는 습지가 넓게 자

---

50   정두경, 『동명집東溟集』 10권, 「대책對策」.

리하고 있었다. 탁 트여 있는 만큼 적의 조총에 피격되기도 쉬웠다. 습지와 조총이라는 형세에선 기병이 더 이상 장기가 아니었다. 정두경이 "장기가 이기고 단기가 진다"라고 말하지 않고 "유리한 게 이기고 불리한 게 진다"라고 표현하는 건 그래서다.

이것으로 끝이 아니다. 정두경은 "비록 그렇지만 형세가 유리한데도 불리한 자에게 지는 경우가 있으며, 불리한데도 유리한 자에게 이기는 경우가 있습니다. 이것은 어째서겠습니까?"라고 했다. 병기의 한계나 형세의 유불리를 극복하게 해주는 요소가 있다는 것이다. 바로 장수다.

정두경은 "장수가 근본이고 기예는 말단"이라며 "전쟁에서 승리를 거두는 요체는 장수에게 달려 있습니다."라고 단언했다. 그는 다음과 같이 말한다.

저들이 능한 건 우리도 능하고 저들이 가지고 있는 건 우리도 가지고 있습니다. 그런데도 도리어 저들에게 모욕당했습니다. 어째서겠습니까? (...) 물에 뜨고, 불태우고, 화살을 쏘고, 적을 베고, 적진으로 돌격하고, 상대를 찌르고, 몸을 보호하는 건 사람이 합니다. 아무리 좋은 병기가 있더라도 사람이 버리고 달아나면 모두 헛된 것일 뿐입니다. 세상에 헛된 병기만 가진 채 적에게 승리하는 경우가 있겠습니까?

싸움에서 이기려면 병사들이 사력을 다해야 하고, 장수가 그런 마음을 끌어내야 합니다. 뛰어난 장수 가운데 병사들의 마음을 얻지 못하고서도 승리를 거둔 자는 없었습니다.

우수한 병사가 있고 훌륭한 무기가 있더라도 능력을 제대로 활용할 줄 아는 지휘관이 없다면 있으나 마나다. 사자가 지휘하는 양 떼가 양이 지휘하는 사자 무리를 이긴다는 말처럼 장수의 역량은 불리함을 극복하고 단점을 상쇄할 수 있게 만든다.

그러나 "지금 우리나라를 보면 남과 북으로 강성한 적들을 마주하고 있으면서 장수가 없는 걸 걱정할 줄 모른다."라는 게 정두경의 진단이다. 그나마 있는 장수들도 "어느 한 사람도 나라를 위해 자기 몸을 돌보지 않은 채 분발했다는 자가 있다는 말을 듣지 못했고, 기름진 음식을 끊고 병사들에게 음식을 나눠주며 고생을 함께해 그들로부터 사력을 다할 마음을 얻은 자가 있다는 말도 듣지 못했다."라는 것이다.

이에 정두경은 임금이 책임지고 좋은 장수를 찾아내 등용해야 한다고 주장했다. 그는 "임금께서 성심을 다해 찾아 구하지 않으신다면 그런 사람은 절대 나오지 않습니다. 이처럼 승리를 쟁취하려면 반드시 좋은 장수를 얻어야 하는데, 장수를 얻는 근본은 누구에게 있습니까? 참으로 우리 전하께 있지 않습니까?"

라고 했다. 전쟁에서 이기려면 뛰어난 장수가 있어야 하는데, 그런 장수를 발굴해 임명하는 건 바로 임금이므로 임금의 역할이 무엇보다 중요하다는 것이다.

더구나 임금은 장수들의 장수다. 장수가 병사의 잠재력을 끄집어내듯 임금은 장수의 잠재력을 끌어낸다. 정두경은 장수가 마음껏 능력을 발휘할 수 있도록 판을 깔아주는 것, 이 역시 임금의 중요한 책무라고 봤다.

전선 지휘관이 역량을 발휘할 수 있도록

참고로 정두경과 함께 시험을 치렀던 윤선도의 답변을 보자. 윤선도 역시 정두경과 비슷한 주장을 했는데, 글의 끝부분에 이렇게 적었다. "촉한 후주後主 때 충성스럽고 믿음직한 비의와 동윤이 안에서 임금을 보좌한 덕분에 제갈공명은 걱정 없이 밖에서 작전을 펼칠 수 있었습니다. 송나라 때 진회와 장준이 안에서 권력을 전횡했기 때문에 악비와 한세충이 밖에서 적을 제압할 수 없었습니다."

비의와 동윤은 제갈량 사후 촉한을 이끌었던 명재상들로 이들이 후방에서 국정을 빈틈없이 처리한 덕분에, 제갈량은 안심하고 북벌에 나설 수 있었다.

이와는 반대로 송나라 때 명장 악비와 한세충은 금나라의 침략에 맞서 고군분투하며 여러 차례 승리를 거뒀지만, 조정의 간신 진회와 장준의 모함으로 악비는 처형당했고 한세충은 은둔을 선택했다.

즉 임금이 좋은 장수를 발탁해 임무를 맡기는 것만으로 충분하지 않다는 얘기다. 장수가 오로지 전투에만 집중할 수 있는 환경을 만들어줘야 하고 특히 후방을 걱정하지 않게 해야 한다. 후방에 있는 사람들이 전선을 든든하게 지원하기는커녕 오히려 장수를 흔든다면 아무리 뛰어난 명장이라도 능력을 발휘하기 힘들다.

요컨대 무기나 장비는 승리를 위해 필요한 요소이긴 하지만 그것만이 전부는 아니다. 아군에게 유리한 환경을 조성해 전쟁의 주도권을 장악하는 게 성패의 핵심이긴 하지만 절대적이진 않다. 그보다 더 중요한 건 전선 지휘관의 역할이고, 후방의 지휘부는 전선의 장수가 자신의 역량을 남김없이 발휘할 수 있도록 또 전투 자체에만 집중할 수 있도록 지원해야 한다. 이것이 정두경이 올린 대책의 요지다.

그렇다면 인조는 정두경의 대책에 귀 기울이고 실천했을까? 왕이 직접 장원으로 뽑았을 테니 분명히 읽어보긴 했을 것이다.

그러나 느낀 바는 별로 없었던 것 같다.

몇 년 후 병자호란이 일어나자 인조는 간신 김자점을 총사령 관인 도원수로 임명했는데, 김자점은 청군을 저지하기는커녕 방관하다시피 했다. 다른 장수들이 보여준 무능함의 사례도 수두룩하다. "장수가 근본이고 병기는 말단"이며 임금은 좋은 장수를 등용하고자 최선을 다해야 한다는 정두경의 조언을 한 귀로 듣고 흘린 것이다.

마지막으로 병자호란이 일어나기 몇 달 전, 정두경이 올린 상소의 한 대목을 소개한다.

병법에 이르길 '적이 쳐들어오지 않을 거라 믿지 말고 내게 대비책이 마련되어 있음을 믿으라. 적이 공격해 오지 않을 거라 기대하지 말고 내게 공격해 오지 못하게 할 힘이 있음을 의지하라'고 했습니다. 한데 지금 우리는 그렇지 않습니다. 믿을 만한 형세가 없으면서 오랑캐가 쳐들어오지 않을 거라 믿고 있고, 공격당할 만한 위치에 있으면서 오랑캐가 공격해 오지 않을 거라 믿고 있습니다. 이 때문에 국경에 별다른 소식이 없으면 게으르게 편안함만을 쫓고, 국경에 이상이라도 생기면 당황해 어찌할 바를 모릅니다. 가장 가소로운 건 이처럼 위급한 때 병사들의 군적을 정리하는 것보다 시급한 게 없는데, 지난 10년 동안 한 번도 유념하지 않고 겉치레만 하는 것입니다. 하는 짓을 보면 나라가 보전된 것만도 다행입니다.[51]

정두경이 청의 침입에 대비해야 한다고 간곡히 건의했지만, 인조는 아무런 행동도 취하지 않았다. 그 결과는 우리가 잘 알고 있는 대로다.

비단 국가안보와 관련한 일이 아니더라도, 이러한 실수를 지금 우리도 되풀이하고 있진 않은지 되새겨볼 필요가 있다.

정두경은 누구인가

정두경(鄭斗卿, 1597~1673). 호는 동명東溟으로 홍문관 제학을 역임했다. 당대의 대문장가들인 신흠, 이정귀, 장유가 입을 모아 극찬할 정도로 뛰어난 글솜씨로 명성을 날렸다. 특히 시는 근래에 비견될 만한 자가 드물다는 평가를 받았다. 성품이 자유분방하고 호탕했으며 술을 매우 좋아했다고 전해진다. 다만 사람들과 어울리는 걸 좋아하지 않아서, 대제학을 새로 임명할 때 후보자 중 가장 낮은 점수를 받은 일도 있었다.

---

51 정두경, 『동명집』12권, 「병자소丙子疏」.

14장

임금부터
해야 할 도리를 다해야 한다

× 인조가 묻고 오달제가 답하다 ×

관계는 쌍방향이어야 한다. 어느 한쪽이 잘하는 것만으로는 부족하다. 양쪽이 끊임없이 소통하고 함께 노력하지 않으면 관계는 성공할 수 없다.

임금과 신하도 마찬가지다. 일찍이 촉한의 황제 유비는 제갈공명을 가리켜 "내게 공명이 있음은 물고기에게 물이 있는 것과 같다."라고 했다. 물이 없으면 물고기가 살지 못하지만 물고기가 없으면 물도 생명력을 잃는다. 임금과 신하가 쌍방향 관계를 맺어야 비로소 제 역할을 다할 수 있다.

1634년, 인조 12년에 열린 별시 문과에서 인조는 이에 대해 질문했다. "임금이 있으되 신하가 없으면 나라가 제대로 다스려질 수 없고, 신하가 있으되 임금이 없으면 재능을 펼칠 수 없다. 따라서 둘은 반드시 협력해야 한다. 그러나 공허하게도 천 년이 넘도록 제대로 합치된 사례를 보기 힘든 까닭은 무엇인가?"

임금이든 신하든 혼자 잘나봐야 소용이 없다. 임금은 신하의 보좌를 받아야 하고, 신하는 임금으로부터 기회를 부여받아야 한다. 서로가 서로에게 노력하고 긴밀하게 상호작용해야 성과를 낼 수 있다.

하지만 이를 알고 있음에도 불구하고 완벽한 모범을 보여준 임금과 신하는 드물다. 성군으로 꼽힌 몇몇 군주와 그를 보좌한 명재상들 정도랄까?

인조가 든 예시를 보자. 뛰어나다고 평가받는 군주들조차 좋은 신하를 외면하거나, 사이가 틀어지거나, 심지어 박대하는 등 제대로 쓰질 못했다. 그 이유가 무엇일까?

한나라 문제文帝는 어질었으나 가의賈誼를 박대해 등용하지 않았고 무제武帝는 명철했으나 동중서董仲舒를 소홀히 대해 등용하지 않았으니, 진실로 천고의 한으로 남는다. 만약 이 두 신하가 등용되어 자신이 배운 바를 실행했더라면 어찌 삼대의 정치를 다시 구현하지 못했겠는가? (...) 당나라 태종이 위징魏徵과, 현종玄宗이 장구령張九齡과 서로 마음이 맞았으나 끝까지 이어지지 못한 이유는 무엇인가? 송나라 신종神宗은 어진 군주였지만 왕안석王安石을 중용해 변법의 근심을 초래했고, 효종孝宗은 나라를 중흥시킨 영명한 군주였으나 장준張浚[52]에게 국정을 맡겨 금나라에게 빼앗긴 땅을 수복하는 공적을 이루지 못했다. 누구의 잘못인가?

수준 이하의 군주와 신하는 아예 거론할 필요도 없을 것이다. 중국 한나라를 대표하는 명군 문제는 나라의 법도와 예악을 정립하고 탁월한 정치개혁안을 제시한 가의를 중히 쓰기는커녕 그의 재능을 시기한 대신들의 모함을 듣고 좌천시켰다.

뛰어난 군주로 꼽히는 무제도 대학자이자 유교 국교화의 기틀을 닦은 동중서를 제대로 활용하지 못했다.

당나라의 전성기를 이끈 태종과 현종은 각기 명재상 위징과 장구령을 등용해 선정을 펼쳤으나 시간이 흐르면서 사이가 틀어졌다. 태종이 위징의 비석을 쓰러트렸을 정도다.

왕안석은 논쟁적인 인물인데, 지금은 기득권을 억제하고 부국강병을 추구한 개혁가로 추앙되지만 조선시대에만 해도 급진적인 개혁으로 사회 혼란을 초래하고 독선적인 태도를 보였다고 하여 부정적인 평가를 받았다. 어진 군주인 송나라 신종이 이

---

52 북송 말기~남송 시대의 정치가로 금나라 군대의 침략을 격퇴했다. 재상이 되어 악비, 한세충 등 인재를 등용하고 좋은 정치를 펼쳤지만, 간신인 진회秦檜와의 권력 투쟁에서 패배했다.

오달제가 지은 『충렬공유고』
ⓒ서울대학교 규장각 한국학연구원

런 왕안석을 중용해 근심을 초래했다는 것이다.

　마지막으로 장준은 북송 말기에서 남송 때까지 활약한 군인으로, 금나라 군대의 침략을 격퇴하고 악비와 한세충을 추천한 명장이었다. 한데 간신 진회의 꾐에 넘어가 병권을 포기하고, 심지어 진회가 악비를 모함해 죽일 때도 협조하는 오점을 남겼다. 영명한 효종이 이런 장준에게 국정을 맡김으로 실패했다는 것이다.

왕은 주관적인 감정을 배제해야 한다

도대체 왜 이런 일이 벌어지는 걸까? 여기에 대해 훗날 병자호란 때 척화를 주장하다가 청나라에 압송되었던 '삼학사三學士' 오달제의 대책[53]을 보자. 그는 이 시험에서 장원으로 합격했다. 오달제는 이렇게 말한다.

> 임금이 신하를 가리면 사방의 인재를 불러올 수 없고, 신하가 임금을 못마땅하게 여기면 좋은 결과를 만들 수 없습니다. (...) 임금은 신하를 예로써 대하고 신하는 임금을 충심으로 섬겨야 합니다. 그런데 임금은 자신이 예를 지키지 못한 걸 알지 못하고 신하가 불충한 것만 한탄하고, 신하는 자기가 불충한 건 알지 못하고 임금이 예를 지키지 않는 것만 근심합니다.

군주도 사람인 이상 좋아하고 싫어하는 유형이 있기 마련이다. 나와 생각과 비전이 같다든가, 성격이나 업무 스타일이 맞다

---

[53] 오달제, 『충렬공유고忠烈公遺稿』「군신상여지도君臣相與之道」.

든가, 원하는 걸 잘 충족시켜준다든가 여부에 따라 특정한 신하를 총애하기도 하고 꺼리기도 한다. 마음에 드는 사람과 친해지고 불편한 사람과 멀어지는 건 인지상정 아닌가?

그렇더라도 임금은 늘 주관적인 감정을 배제하도록 노력해야 한다. 임금이 신하를 가리면, 임금이 선호하는 신하만 기회를 얻고 임금이 좋아하지 않는 신하는 소외된다. 임금과 성향이 다른 사람들은 아예 출사를 포기해야 할 수도 있다. 그리되면 많은 인재가 기회를 얻지 못한 채 사장되고 말 것이다.

임금이 예로써 신하를 대해야 한다는 말은 신하에게 임금의 주관적인 감정이나 호불호를 드러내지 말라는 것이다. 설령 나와 맞지 않는 인재라도, 내가 좋아하지 않는 유형의 인재라도 존중하고 예우해야 한다는 뜻이다. 그래야 그 신하는 마음껏 능력을 발휘하며 나라와 백성을 위해 이바지할 수 있다.

신하도 지켜야 할 도리가 있다. 누군가의 신하가 되겠다고 선택했다면, 모시는 군주를 위해 진심을 바쳐야 하고 온 정성을 다해 보좌해야 한다. 임금과 뜻이 맞지 않아 도저히 함께 일할 수 없다고 판단했다면, 사직하고 조정을 떠나면 되는 것이다.

하지만 신하의 자리에 있는 이상 임금이 못마땅하다며, 나를 잘 대우해주지 않는다며 주어진 책임을 외면해선 안 된다. 임금이 자신을 어떻게 대하든 충심으로 섬겨야 한다. 임금이든 신하든 상대방이 내게 제대로 하지 않는다고 불평하지 말고, 먼저 자신부터 최선을 다하라는 것이다.

임금의 도리부터 먼저 다해야 한다

인조가 거론한 역사 속 임금과 신하들은 바로 이 점을 지키지 못했다는 게 오달제의 판단이다. 오달제는 현명한 군주와 현명한 신하도 이와 같은 결과를 초래했으니, 그보다 못한 군신은 더욱 노력해야 한다고 강조했다. 그런데 이어지는 인조의 질문을 보면, 요즘 임금과 신하의 관계가 제대로 구축되지 않는 원인은 신하들 탓이라는 뉘앙스다.

임금과 신하 사이에 신뢰를 주고받는 아름다운 모습이 보이지 않는다. 보필하는 신하가 마음을 다하지 않는데, 나만 혼자 독려하는 건 옳지 않아 보인다. 그렇다고 방임할 수도 없는 노릇이니 어찌해야 하는가? 또한 대각의 신하가 말하는 게 반드시 다 이치에 맞을 순 없는 것이어서, 내가 그 말을 모두 수용하기란 현실적으로 어렵다. 그래서 혹 꾸짖기라도 하면 그로 인해 언로가 막힌다고 비판한다. 이처럼 조정에

화목한 기운이 없어지니, 민간에서 사사롭게 나랏일을 왈가
왈부한다. 내가 덕이 부족해 그런 것인가, 세상의 도의가 만
회할 수 없는 지경에 이르렀기 때문인가?

자신은 신하를 예우하고 믿음을 주려고 애쓰는데 신하들은
충심을 바치지 않는다는 것이다. 신하가 이치에 벗어나는 말을
해서 질책하면 언로를 통제한다며 반발하고 이런 신하들 때문
에 군신상하君臣上下가 화목하지 못한데, 백성은 임금이 무능해서
그렇다며 비판한다는 것이다. 자신은 아무런 잘못이 없고 모두
부하들 탓이라는 '내로남불' 상사의 전형적인 모습이다.

요즘도 이런 직장 상사를 쉽게 찾아볼 수 있지 않은가? '나는
부하 직원에게 잘해주는데 직원들이 마음을 열지 않아' '부하 직
원이 어이없는 이야기를 해서 야단친 건데 아랫사람의 의견을
들으려 하지 않고 강압적으로 누른다며 싫어해' '부하 직원들 때
문에 분위기가 안 좋은데 주위에선 리더가 무능해서라며 수군
거리고 있어'라고 불만스러워하는 상사 말이다. 이런 상사가 리
더로 있는 조직은 실패하기 마련이다.

물론 인조의 말처럼 정말로 신하에게 잘못이 있고 문제가 있
을 수도 있다. 그러나 그걸 바로잡지 못한 건 임금의 역량이 부
족하기 때문이다. 임금이 신하의 장점을 북돋워주고 신하의 단

점을 보듬어 고쳐줬다면 생겨나지 않았을 일이다. 임금이 모범을 보이고, 조정의 분위기를 화목하게 이끌고, 진심으로 신하를 신뢰하고 배려해줬다면 신하들 역시 달라졌을 것이다.

오달제는 "세상의 도의가 경박해져서가 아니라 전하의 덕이 신하에게 감동을 주지 못해서가 아닙니까?"라며 직격탄을 날렸다. 그는 이어서 다음과 같이 말한다. "전하께선 스스로 성인聖人이라고 자만하는 잘못이 있습니다. 사람을 편애하고, 의롭지 못한 태도로 신하를 의심하며, 도리에 벗어난 자세로 신하를 가볍게 여깁니다." 그뿐이 아니다. "경연經筵에 나온 선비를 무식하다고 배척하고, 조정의 신하를 불충하다고 꾸짖으며, 선비의 뜻을 꺾어 욕보이십니다."

이런 군주를 좋아할 신하가 있을까? 임금이 먼저 도리를 지키지 못했으니 신하가 도리를 잃었다며 탓할 상황이 아니라는 것이다. 오달제는 인조가 오만한 태도를 버리고 "신하를 대할 때, 등용할 때, 물리칠 때, 일할 때, 간언을 따를 때, 모두 예의를 지키고 정성을 다해야 합니다."라고 역설했다. 임금으로서 임금이 해야 할 도리부터 다하라는 것이다.

요컨대 임금과 신하, 리더와 인재가 서로 좋은 관계를 맺고 성공적으로 가꿔가기 위해선 함께 노력해야 한다. 상대가 먼저 내게 잘해주길 기다리지 말고 내가 먼저 행동해야 한다.

'저 사람이 내게 잘하니 나도 잘해야지' '저 사람은 나를 이 따위로 대하는데 내가 잘해줄 필요가 있겠어?'라는 식으로 상대가 해야 나도 한다는 선후先後 관계로 간주하면, 관계 개선이나 발전은 이뤄지지 않는다.

내가 먼저 상대를 위해 노력하고, 내가 먼저 상대에게 관심을 가지고 마음을 쓴다면 자연히 상대방도 내게 다가올 것이다. 윗사람이 특히 명심해야 할 부분이다.

오달제는 누구인가

오달제(吳達濟, 1609~1637). 호는 추담, 시호는 충렬이며 26세의 나이로 장원급제한 후 병조좌랑, 사헌부 지평, 홍문관 수찬을 역임했다. 병자호란 때 척화를 강하게 주장했으며, 윤집·홍익한 등과 함께 청나라로 끌려가 처형당했다. 이들의 충절을 기려 '삼학사'라고 부른다. 그림에도 조예가 깊어 매화도 몇 점을 남겼다.

15장

원칙을 지키며
편의를 구하는 조화로움

× 숙종이 묻고 권이진이 답하다 ×

어떠한 상황에서도 원칙을 지킬 것인가, 아니면 그때그때의 상황에 맞게 능동적으로 대응할 것인가?

흔히 '원칙'과 '상황'은 상충한다고 생각한다. 정해진 매뉴얼을 따르기 어렵거나 규정을 곧이곧대로 적용할 수 없을 때, 이유로 내세우는 게 대부분 '상황'이기도 하다. 과연 원칙과 상황은 양립할 수 없을까?

1694년, 숙종 20년에 시행된 별시 문과에서 숙종은 자신은 나라와 백성을 위해 '시의時宜', 즉 지금의 실정에 알맞은 조치를 시행하고자 열심히 노력하고 있는데 정작 성과가 없다며 탄식했다.

그러며 자신이 원칙을 지키지 못해서 그런 것인지, 아니면 현실에 맞게 지금보다 더 적극적으로 융통성을 발휘해야 하는

지를 질문했다.

여기에 대한 권이진의 답변[54]을 보자. 권이진은 중국 송나라 때 학자 여대림呂大臨의 말을 인용하는 것으로 답안을 시작했다. "이천伊川 선생은 다스림은 반드시 상법常法으로 해야 한다고 하셨고, 명도明道 선생은 일을 조치할 때는 편의便宜가 중요하다고 하셨습니다."

이천은 송나라의 성리학자 정이程頤의 호, 명도는 정이의 형이자 역시 저명한 성리학자인 정호程顥의 호다. 두 사람 모두 여대림의 스승이었는데, 나라를 경영하는 데 있어 이천은 원칙을 고수해야 한다고 강조했고 명도는 현실에 적합한 방향을 찾아야 한다고 주문했다.

얼핏 두 사람이 반대되는 주장을 하는 것처럼 보이지만, 권이진은 서로 다르지 않다고 말한다. 이어지는 권이진의 말이다.

> 다스릴 땐 진실로 지키는 법이 있어야 하고 조치할 땐 편의가 있어야 합니다. 그러나 고집스러운 사람은 옛 제도에 집착하다가 일을 상황에 맞춰 마땅하게 처리하지 못하고, 함부로 하는 사람은 자신의 지혜만 믿고 경상經常의 법을 업신

---

54 편자미상, 『동책東策』(규장각 한국학연구원 소장 필사본).

편자미상 『동책』
ⓒ서울대학교 규장각 한국학연구원

여깁니다. 불변의 법도를 따르면서 만 가지 변화에 통달한
사람은 성인^{聖人}의 마음으로 다스리는 사람입니다. (...) 일을
할 땐 반드시 상황에 따라 적절하게 조처해야 합니다. 경^經
을 지키면서 편의를 구해야 하는 것입니다. 이런 이유로 옛
날 성왕^{聖王}들이 나라를 다스릴 땐 경으로 준칙을 삼고, 마땅
하게 시행해 그 활용이 적절함을 갖추게 했습니다. 일의 경
중을 저울질해 일이 맞지 않음이 없었고, 상황을 살펴 취사
선택해 때에 적합하지 않음이 없었습니다.

정치에는 반드시 지켜야 할 원칙이 있다. 다만 오해하면 안되는 게 기존의 질서나 제도, 관행, 규정 등은 원칙이 아니다. 원칙을 현실에 맞게 적용한 일종의 '룰'일 따름이다.

원칙이란 룰의 근간이 되는 기본 정신이며, 결코 바꿔선 안될 표준 원리다.

현대 정치로 말하면 국민 주권, 삼권 분립, 다수결, 입헌주의, 법치 같은 것들이다. 국민의 재산과 생명을 보호해야 하는 국가의 의무나 민생을 안정시키고 나라를 번영하게 만들겠다는 국가의 목표도 여기에 해당한다.

이러한 것들을 굳건하게 지키는 가운데, 구체적인 일들에선 상황에 맞게 융통성을 발휘해야 하는 것이다.

이전에는 없던 문제가 생겼는데 기존의 법만 고집하고, 급박한 위기가 닥쳤는데 매뉴얼에 있느냐 없느냐를 따지고 있을 순 없지 않은가.

정면의 길이 막혀 있다면 우회로로 돌아갈 줄도 알아야 한다. 현실은 예측하지 못한 변수로 가득한 법이고, 기존의 방식으로 그 변수를 해결할 수 없다면 상황을 면밀하게 살핀 후 창의적이고 능동적으로 대처해야 한다.

주의할 건, 그러다 보면 현실만 신경 쓰고 상황만 중시하게 된다는 점이다. 어느새 원칙을 잊어버리고, 원칙에서 벗어나도

'부득이한 일'이라며 합리화한다.

이는 옳지 않다. 원칙이 배제된 해결책은 어디까지나 임시방편에 불과하다. 급박한 비상시국이라면 잠시 원칙에서 벗어날 수 있겠으나, 궁극적으로는 반드시 원칙으로 귀결되어야 한다.

또한 기준이 사라진 상태에서 결과만 중시하고 편법을 남용하면 잘못된 길로 빠질 가능성이 높다. 편의적 선택으로는 결코 지속성이나 확장성을 가질 수 없다.

그래서 권이진은 "경을 지키면서 편의를 구하라", 즉 원칙을 지키는 가운데 형편과 조건에 어울리는 마땅함을 찾으라고 강조하는 것이다.

아울러 그가 "편의는 일의 차원이며, 편의가 필요한지 아닌지를 헤아리는 건 마음입니다. 단지 일의 편의만 찾고 마음을 바로잡지 않으면, 편해지고자 하다가 일이 어그러지는 걸 면치 못할 것입니다. 적합함을 구하다가 상황에 제대로 대응하지 못할 것입니다. 반드시 먼저 마음을 바로잡아 일을 헤아리는 법도로 삼아야 합니다."라고 주장하는 이유다.

조치는 취하나 성과는 없다

권이진이 보기에 숙종의 정치는 무엇이 문제였을까? 그는 다음
과 같이 지적했다.

> 백성을 보호하겠다면서도 항산恒産을 마련해주지 않아 집집
> 마다 지아비가 아내와 자식을 이끌고 고향을 떠나 살길을
> 찾아 떠돌고 있습니다. 토지를 측량하는 건 경계를 바로잡
> 고자 함인데 부호의 토지 겸병이 더욱 불어났습니다. 체납
> 한 세금을 탕감해 은혜를 베풀고자 했으나 서민들의 집에는
> 미치지 않았습니다. 대동법을 밝혀 세금을 덜어주고자 하
> 나 관청들은 창고가 비었다고 아우성칩니다. (...) 불을 태우
> 면 연기가 나고 물이 흐르면 흙이 젖는 법이니, 일을 하고도
> 공이 없거나 복무해 수고했는데도 효과가 없는 일은 없습니
> 다. 한데 전하께서 하신 일에 공효功效가 없음이 이와 같은
> 지경에 이르렀으니, 어찌된 일이겠습니까?

조치를 하긴 했는데 성과를 거두기는커녕 오히려 나빠졌다
는 것이다. 권이진은 그 이유가 임금이 자기만 똑똑한 줄 알기

때문이라고 비판했다. 숙종이 신하들을 두고 고루하고 원리원칙만 따진다며 비웃고 자신만이 현실을 잘 살펴 시의적절하게 대처할 수 있는 능력이 있다고 자만한다는 것이다.

하지만 실제론 그렇지 않았다. 그가 보기에 숙종은 "지금은 무엇을 해야 할 때라며 움직이나, 시기라고 생각했던 게 적기適期가 아니어서 어그러지는 지경에 이르고" 있었다. 군주로서 주관을 극복하지 못하고 편견과 오만에 사로잡혀 있어 상황을 제대로 판단하지 못하고 있다는 것이다. 숙종의 정치는 "시의時宜에 부합하고자 힘쓰나 끝내 허투루 돌아가며, 비록 사무에 적합해지고자 힘쓰나 끝내 헛치레에 지나지 않는 일이" 잦은데, 이는 숙종이 기준을 세우거나 원칙을 지키지 않고 그때그때 땜질하는 방식으로 일을 해결하려 들기 때문이라는 것이다.

원칙과 편의의 조화로움

다양한 대책을 내놓고 새로운 정책과 제도를 도입하곤 있으나, 유민이 발생하고 백성에게 혜택이 돌아가지 않으며 나라 살림이 줄어드는 폐단이 발생하고 있다는 게 권이진의 진단이다.

따라서 권이진은 무엇보다 임금의 마음이 올발라야 한다고 강조한다. 원칙을 준수하면서도 적시에 융통성을 발휘하려면 상황 인식과 판단이 정확해야 한다. 사사로운 욕심이나 편견에 빠져 있지 않고 감정에 흔들리지 말아야 한다.

특히 숙종처럼 자기만 똑똑하다고 착각해선 안 된다. 임금은 오로지 "편의를 얻지 못함을 걱정하지 말고 이 마음이 바르지 않은 걸 걱정해야 하니" 그렇지 않으면 "아무리 좋은 법을 만들어도 아귀가 맞지 않아 합치하지 않고, 훌륭한 제도를 도입해도 서로 어그러져 시행하기 어려워"진다는 것이다.

원칙이란 중심을 잡아주는 무게추이자 방향을 알려주는 이정표다. 원칙을 잃어버리면 중심을 잃어버리고 길도 잃는다. 편의란 이 순간을 살아가게 하는 생명력이다. 편의를 확보하지 못하면 그 어떤 이상이나 숭고한 원칙도 의미가 없다. 리더는 원칙과 편의를 조화하기 위해 부단히 노력하지 않으면 안 된다.

권이진은 누구인가

권이진(權以鎭, 1668~1734). 호는 유회당으로 호조판서와 공조판서, 평안도 관찰사 등을 역임했다. 행정에 뛰어났다고 알려져 있다. 증조할아버지가 권득기, 할아버지가 권시로 모두 저명한 성리학자다. 더욱이 외할아버지가 노론의 정신적 지주인 송시열, 고모부가 소론의 영수인 윤증, 또 다른 고모부가 남인의 거물 윤휴의 아들 윤의제로 붕당을 망라한 인척 관계를 가지고 있었다.

16장

매 순간 지극한 정성을
다해야 하는 이유

× 정조가 묻고 정약용이 답하다 ×

공자의 손자 자사子思가 지은 『중용中庸』. 원래는 『예기禮記』 제 31편에 해당하는 글이었으나 중국 남송 때 주자가 논어-맹자-대학-중용의 '사서四書' 체제를 확립하면서 별도의 경전으로 독립했다.

『중용』의 핵심은 곧 '중용'이다. 공자가 지극한 덕德이며 군자가 추구하는 가치라고 칭송한 중용은 나의 마음이 "어느 한쪽에 치우치거나 기대지 않고 지나침도 모자람도 없이[중中]" "언제나 항상 그러한[용庸]" 것을 뜻한다.

치우쳤는지 아닌지, 지나쳤는지 모자랐는지의 기준은 고정되어 있지 않다. 상황에 따라서, 변화하는 양상에 따라서 달라질 수 있다. 즉 중용이란 '지금' '여기'에 가장 적합한 지점이자 그 지점을 찾고자 끊임없이 성찰하고 노력하는 거라 말할 수 있다.

『중용』은 조선시대 내내 매우 중요시되었다. 세종, 성종, 효종, 영조, 정조 등 명군들이 경연에서『중용』을 교재로 선택해 공부했을 뿐 아니라 과거시험의 문제로도 자주 출제되었다.

특히 정조가 관심이 많았는데, 초계문신抄啓文臣[55]을 대상으로 시행한 절일제節日製[56]에서도『중용』에 관해 서른 개가 넘는 질문을 던졌을 정도다. 그중 두 가지를 꼽아 소개하자면, 하나는 '시중時中'이고 다른 하나는 '성誠'에 관한 것이다.

우선 정조는 "군자도 시중을 실천해야 한다면 가장 어려운 게 '시'자란 말인가?"라고 물었다. 중용이 '지금 여기'에 꼭 알맞은 선택을 하는 거라면 당연히 '지금 여기'가 어떤 상황인지부터 헤아려야 한다. 작금의 현실에 필요한 게 무엇인지, 요즘과 같은 때 부합하는 이치와 행동은 무엇인지 고민해야 한다. 그래서 '때에 맞는 중용'이란 의미로 '시중'이란 표현이 만들어졌다.

중용 자체에도 '시'의 뜻이 있지만, '시'자를 추가함으로써 의미를 강조했다고 보면 된다. 치우치지 말라, 모자라거나 지나치지 말라는 경계가 자칫 중용을 고정된 환경 속에서 이뤄지는 것으로 오해하게 만들고, 그래서 '시'를 망각하기 쉽기 때문이다.

---

55 규장각에 소속되어 특별 교육 및 연구 과정을 밟던 문신을 말한다. 정조 5년 2월 18일, 어명에 의해 관련 규정을 만들었다.
56 음력 정월 초이렛날, 삼월 삼일, 칠월 칠일, 구월 구일에 실시하는 과거시험을 말한다.

현장의 목소리와 현실의 구체적인 목소리

여기에 대해 정약용은 "사물의 마땅한 법칙은 때에 따라 각기 다릅니다. 마치 저울에 물건을 올려놓으면 물건의 무게에 따라 추가 달리 멈추는 것과 같습니다. 군자도 중용하려면 당연히 시중해야 합니다."라고 대답[57]했다. '시'가 왜 중요한지 부연 설명한 것이다.

다른 글에 나오는 것이긴 하지만, 정조의 말을 참고로 살펴보자. 경연에서 정조가 신하들에게 시중의 의미를 강의한 내용이다.

하늘이 덮여 있고 땅이 깔려 있고 해와 달이 비추고 서리와 이슬이 내리는 곳이라면, 어디인들 마땅한 도리가 없겠으며 어느 곳인들 '중'이라는 게 없겠는가! 성인은 일상적으로 행하는 도리 속에서 그 '중'을 골라 잡기 때문에 '중용'이라고 하는 것이다. 중용이란 처음부터 높고 아득해 실행하기 어려운 일이 아니다. 어디를 가든 '상도常道'가 있고 어디를 가

---

57 정약용, 『다산시문집茶山詩文集』 8권, 「중용책中庸策」.

든 '중도中道'가 있으니, 이른바 '시중時中'이라는 것이다. '중'이라는 글자의 뜻이 '시'라는 글자와 표리 관계를 이루니 『주역』에서 '시의 뜻이 진실로 크다'라고 말한 이유다.[58]

정조의 말처럼 중용은 어려운 철학 이론도 고상한 척하는 실천법도 아니다. 일상에서 최적의 지점이 중용이고, 그 지점을 찾고자 노력하는 게 중용이다. 아무리 훌륭한 사상이라도 '지금, 이 순간의 삶'을 담아내지 못하면 쓸모가 없다. 아무리 좋은 목적을 가지고 애를 써도 현실을 반영하지 못하면 실패하고 만다.

이상과 원칙을 유지하면서도 어떻게 현장의 목소리를 담아낼지, 현실의 구체적인 문제들에 응답할지, 시의성을 확보할지 고민하는 모든 사람에게 '시중'은 여전히 중요한 가치다.

다만 문제가 있다. 무엇이 '중용'인지 '시중'인지 아는 건 공부하면 어느 정도 가능하다. 지식을 쌓는 공부와 마음을 수양하는 공부로 역량을 키우면, 그때그때 어떻게 행동해야 할지 정도는 알 수 있다.

한데 안다고 해서 곧바로 실천할 수 있을까? 만약 그렇다면 세상에 나쁜 짓을 저지르는 사람이나 게으름을 피우다 후회하

---

58 『정조실록』32권, 정조 15년 4월 30일.

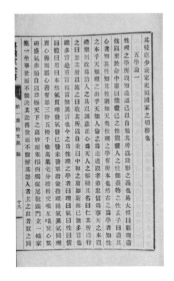

정약용이 지은 『다산시문집』
ⓒ한국민족문화대백과사전

는 사람은 없을 것이다.

흔히 '시중'이 무엇인지 머리로는 알고 있지만, 반드시 실천해야 한다는 걸 마음 깊이 이해하지 못한다. '중용'을 행하려면 뭔가를 절대로 하지 말아야 한다는 걸 알고는 있지만, 진심으로 절박하게 깨닫지 못하는 경우가 많다. 『중용』에서 '정성[誠]'을 강조하는 이유가 바로 그래서다.

이와 관련해 정조는 "성이라는 글자가 중용의 주축이 되는 이유는 무엇인가?"라고 질문했다. 정약용의 답변을 보자.

『중용』의 전체와 쓰임을 낱낱이 설명하기란 어렵지만, 그 중에서도 가장 중요한 요처는 오직 '성誠'자 하나뿐입니다. '성'은 '계신공구戒愼恐懼' 네 글자에서 벗어나지 않으니, 여기에 힘을 쏟으면 중용의 도가 회복될 것입니다. (...) 배우는 이가 진심으로 조심하고 삼간다면, 두려워하고 걱정하는 마음으로 천인성명天人性命의 근원을 살피고 성현의 대월對越[59] 공부를 따른다면, 조금도 안일하지 않고 방종하지 않는다면, 고요할 땐 잡다한 돌처럼 혼매하지 않고 움직일 땐 사나운 말처럼 조급하지 않는다면, 인간 욕망의 사사로움을 제어하고 천리의 공公을 보존하며 『중용』의 가장 중요한 근본과 지켜야 할 도리를 만회해 이어갈 수 있을 것이니, 어찌 큰 다행이 아니겠습니까?

조심하고 삼가고 두려워하고 걱정하는 '계신공구'의 자세로 언제나 '성'을 다한다면 중용을 실천할 수 있다는 것이다. 혹시라도 나태해지진 않을까, 감정에 휩쓸려 잘못 판단하진 않을까, 욕심을 쫓아 나쁜 행동을 하진 않을까, 늘 걱정하고 두려워해야 한다. 조바심을 내다가 일을 어그러트리지 않도록 조심해야 하

---

[59] 하늘(상제上帝)을 우러러 섬기듯 겸손하며 공경하는 것.

며, 상대방을 무례하게 대하지 않도록 삼갈 줄 알아야 한다. 이를 꾸준히 유지해야 중용을 실행할 준비가 갖춰지는 것이다.

한데 '두려워하다' '걱정하다'라는 표현 때문에 소극적인 게 아닌가 하고 생각할 수도 있다. 유학에선 '여리박빙如履薄氷'이라는 말을 사용하는데, 살얼음을 밟는 것 같이 하라는 뜻이다.

얼어붙긴 했으나 곳곳이 녹아 물도 보이고, 어떤 부분은 얇게 얼어 있는 호숫가를 직접 걸어 건너야 한다고 가정해보자. 아마 매우 조심하며 건널 것이다. 숨을 죽이고 한 걸음 한 걸음, 호수의 상태를 면밀히 살피며 조신하게 나아갈 것이다. 혹시라도 힘을 잘못 주면, 혹시라도 발걸음을 무분별하게 내디디면 언제 얼음이 깨져 빠질지 모르기 때문이다.

스스로를 단속하고 조심하라

요컨대 여리박빙이든, 계신공구든 스스로를 세심하게 단속하고 행동거지를 조심하라는 뜻이다. 마음이 흐트러지거나 감정이 치우치는 일을 막고, 욕망을 통제하고, 항상 올곧고 정정당당하게 살아가라는 의미를 담고 있다.

이와 같은 노력을 어느 한때 잠깐 하는 게 아니라 모든 순간 최선을 다하길 조금의 나태함도 없어야 한다. 그래야만 하늘이 내게 준 순수하고 선한 본성을 회복하고, 인간으로서 존엄성을 지키는 올바른 삶을 살아갈 수 있으며, 타인에게도 긍정적인 영향을 줄 수 있다. 이것이 바로 '성'이다.

『중용』에는 '성'과 관련한 구절이 많이 나온다. 20장의 "남이 한 번에 잘하면 나는 백 번을 하고, 남이 열 번에 잘하면 나는 천 번을 해야 한다."라는 말, 22장의 "지극히 성해야 하늘이 준 본성을 다할 수 있다."라는 말, 23장의 "성을 다하면 형상을 이루고 형상을 이루면 드러나니, 드러나면 밝아지고 밝아지면 감동을 줄 수 있다. 감동하면 변하고 변하면 화할 수 있으니, 오직 천하에 지극한 성이 있어야 능히 변화를 이끌 수 있다."라는 말, 24장의 "지극한 성은 신神과 같다."라는 말, 25장의 "성은 만물의 처음이자 끝이니, 성하지 못하면 만물도 존재하지 않는다."라는 말 등이다.

정리하면 '성'은 할 수 있는 최선을 다하는 것이다. 내가 가진 잠재력과 역량을 남김없이 투입하는 것이며, 이때 나 자신이나 타인을 속이지 않는 것이다. 내가 최선을 다하지 못할까 봐 걱정하는 것, 게으르거나 방심하지 않도록 조심하는 것, 상대방을 진실한 마음으로 대하는 것 또한 '성'이다.

'성'이 전제되어야 내가 성장할 수 있고, 타인을 감동하게 하여 상대방까지 변화시킬 수 있다. 그리하여 나아가 '중용'을 실천하고 '시중'을 구현하기에 이르는 것이다.

'성'은 특히 왕에게 매우 강조되었다. 왕은 국가의 통치자이자 구성원에게 모범을 보여야 할 스승으로서 책임이 막중하다. 국정을 차질 없이 운영하고, 나라를 번영으로 이끌며, 맡은 바 책임을 성공적으로 완수하려면, 그야말로 쉴 틈 없이 지극한 정성을 다해야 하기 때문이다.

그런데 '성'은 객관적으로 측량할 수 있는 게 아니다. 누군가 "지금 전하께선 움직이거나 가만히 있거나 말씀하시거나 행동하는 모든 순간에 항상 정성을 다하고 계십니까?"라고 물으면 설령 최선을 다하고 있더라도 자신 있게 "그렇다"라고 대답할 수 있는 경우는 드물 것이다. 겸손해서가 아니라 '성'을 다한다는 게 과연 어느 정도를 의미하는지 막연하기 때문이다.

'성', 곧 정성의 특성이 본래 그러하다. 그러므로 '성'이란 내가 꾸준히 노력할 수 있도록, 자포자기하지 않고 완벽을 향해 나아갈 수 있도록, 자신을 채찍질하는 일종의 의무 기제로 받아들이면 된다. 내게 부족한 점이 없는지 항상 반성하며 '내가 더 정성을 다해야겠다'라고 마음먹으면 된다. 그러한 태도가 나태함을 예방하고 나를 더 나은 나로 만들어줄 것이다.

정약용은 누구인가

정약용(丁若鏞, 1762~1836). 다산, 여유당, 사암, 자하도인, 탁옹 등 다양한 호를 사용했다. 정조의 각별한 지우를 받았으며, 한강에 배다리를 준공하고 수원성 축조에 이바지하는 등 기술 관료로서도 활약했다. 경학뿐 아니라 법학, 의학, 지리에도 조예가 깊었으며, '일표이서—表二書'라 불리는 『경세유표』『목민심서』『흠흠신서』를 비롯해 500여 권의 방대한 저술을 남겼다. 남인南人으로 서학(西學, 천주교)에도 관심을 가진 바가 있어, 정조가 죽은 후 18년에 걸친 긴 유배 생활을 했다.

17장

인사제도를 효과적으로
운영하는 법

× 정조가 묻고 정약용이 답하다 ×

'순환보직(循環補職, job rotation)'이라는 인사제도가 있다. 일정한 간격을 두고 다른 부서나 보직으로 전보하는 제도를 말한다. 특히 공무원 조직에서 활발하게 시행하고 있는 이 제도는 인재에게 다양한 업무 지식과 경험을 쌓게 해 시야를 넓히고 관리자로 성장시키는 데 목적이 있다.

예컨대 문화체육관광부의 업무는 크게 '문화예술' '체육' '관광' '종무宗務' '국민 소통'으로 구분된다. 체육국에서 일한 직원이 일정 기간이 지나면 관광정책국이나 문화예술정책실 산하 부서에서도 근무하게 하는 것이다. 그래야 다른 부서에 대한 이해를 높여 업무 협조를 원활히 하고 시너지를 끌어낼 수 있기 때문이다. 한 직책에 오래 근무함으로써 타성에 젖거나 부정에 연루될 가능성을 차단하는 효과도 있다.

그런데 현재 한국의 공무원 조직에선 이 순환보직의 장점을 제대로 살리지 못하는 것으로 보인다. 순환보직 기간이 짧고 전보가 빈번히 이뤄지면서 행정의 일관성과 계속성이 저해되는 실정이다. 공무원의 업무 전문성이나 능률도 낮아졌다.

국민이 불편함을 겪고 있는데 "담당 공무원이 3년 새 다섯 번이나 바뀌어 그때마다 원점에서 대화를 시작해야 한다."라는 어느 기업인의 하소연은 여전히 현재진행형이다.

이러한 고민은 조선시대에도 마찬가지였다. 1790년 정조 14년, 초계문신을 대상으로 치른 시험에서 정조는 질문했다.

> 고요皐陶가 사사士師[60]가 되고, 백이伯夷가 예禮를 맡으며, 기夔가 악樂을 담당하고, 후직后稷이 곡식 파종을 관장했다. 고요가 예를 알지 못해서가 아니고 후직이 음악에 어두워서가 아니다. 단지 이 일을 조금 더 잘하고 저 일에는 상대적으로 부족한 점이 있었으므로, 단점을 버리고 장점을 취한 것이다. 만약 백이가 사사를 맡고 직이 악정을 담당했다면, 어찌 후세에 순舜이 인재를 알았다고 했겠으며 백이와 후직이 겸양했다고 하겠느냐.

---

[60] 고대 중국에서 법률과 형벌 업무를 담당했던 관리.

정조가 거론한 인물들은 모두 고대 동아시아의 전설적인 성군인 순임금의 신하였다. 이들은 하나같이 최고의 장관으로 꼽히는데, 맡은 분야의 '전문성'이 강점이었다.

정조는 이들이 다른 업무도 담당할 수 있는 능력이 있었지만 그중에서도 가장 잘할 수 있는 임무를 맡았기 때문에 위대한 발자취를 남긴 것이고, 그런 의미에서 순임금의 인사가 성공했다고 봤다.

하지만 당시 조선은 신하들의 전문성을 제대로 살리지 못하고 있다는 게 정조의 판단이다. 농사를 관장하던 대신이 하루아침에 군대를 지휘하고 전혀 다른 분야인 형조와 예조를 겸하는 걸 당연하게 생각한다는 것이다.

정조는 "한나라와 당나라 때는 한 직무만 맡아 평생을 마친 사람이 많았으니, 관청을 설치하고 직책을 분담시킨 정신이 완전히 사라지진 않았으나 요즘 우리나라의 풍속은 이와 반대다." 라고 한탄하며 대책을 물었다.

능동적이고 효율적인 인사

정약용의 답변[61]이다. 그는 "농정관農政官을 자주 바꾸므로 세입이 얼마나 많고 경비가 얼마나 적은지 알지 못하며, 병조를 자주 바꾸므로 병사의 일 중에 무엇을 먼저 처리해야 하고 무관 중에 누가 쓸 만한지 기억하지 못합니다. 전임 관리에게서 결정된 재판이 후임 관리에게서 번복되는 건 형조가 자주 바뀌기 때문으로 옥송獄訟[62]에 원망이 많고, 규례에 어두운 건 예조가 자주 바뀌기 때문으로 의례를 고증할 수 없습니다."라고 대답했다.

세심한 전문성과 경험이 필요한 관직을 자주 교체하므로 업무가 제대로 돌아가지 않는다는 것이다. 그로 인해 국정이 어지러워지고 그 피해가 고스란히 정책대상자인 백성을 향한다는 게 정약용의 진단이다.

그렇다고 한 사람을 무조건 한 자리에 오래 두자는 건 아니다. 정약용 또한 하급 관리가 다양한 직무를 경험해 시야를 넓히는 것에 동의한다. 오늘날 기업에서 임원이 되고 최고경영자가 되려면 기획, 마케팅, 영업, 생산 등 다양한 분야를 경험해야 하

---

61 정약용, 『다산시문집』 8권, 「인재책人才策」.
62 형사소송.

듯이, 관리자가 되려면 한 분야의 경험만으로는 부족하다.

가령 예조의 담당 업무가 교육, 의례, 외교인데 참판이나 판서 등 관리자가 되려면 세 분야의 업무를 모두 알아야 한다. 따라서 정약용은 일반 관리는 보직을 계속 순환시키되 '문무반의 관장官長', 즉 각 관청의 장관이나 책임자는 '구임久任', 업무를 오래 맡기자고 주장했다.

요즘으로 말하면 일반 공무원은 순환보직을 시키고, 물론 당연히 원칙 없이 자주 전보하는 건 지양하되 대신 각 부 장차관의 임기를 길게 하자는 것이다. 해당 분야의 최고 전문가이자 오랜 경험을 가진 장관의 임기가 늘어나면, 자연히 업무 전문성과 행정의 일관성을 확보할 수 있다는 게 정약용의 판단이다. 장관이 부처의 인사를 능동적이고 효율적으로 운용함으로써 순환보직에 따른 공백에도 충분히 대처할 수 있다는 것이다.

또한 정약용은 감사와 수령 중에도 명성과 치적이 있는 사람의 임기를 늘리고 고도의 전문성이 필요한 직무는 전담해 맡게 해야 한다고 주장했는데, 그리되면 오래도록 승진하지 못하는 사람은 불만이 있지 않겠냐고 생각할 수 있다.

이 부분은 관직과 품계를 분리해 적용하면 된다. 예컨대 임진왜란 때 이순신이 역임했던 관직인 전라좌도수군절도사는 정3품이고 삼도수군통제사는 종2품이다. 그런데 이순신이 전공을 세우면서 정2품 품계의 하계인 자헌대부, 상계인 자헌대부가 차례로 내려졌다. 즉 해당 보직을 계속 맡기더라도 품계를 높여줌으로써 승진에 대한 불만을 해소할 수 있을 것이다.

이 문제 외에도 정조는 인사와 관련한 질문을 두 가지 더 출제했다. "음직蔭職이나 서얼庶孼, 촌락의 상인이나 초야에 묻힌 사람들은 경륜을 간직하고도 얼굴이 누렇게 뜨고 목이 비쩍 마르도록 한 번도 자신의 재능을 펴보지 못했으니, 하늘이 인재를 낸 본의가 어찌 이러했겠는가?"라며, 숨어 있는 인재와 기회조차 얻지 못하고 있는 인재를 등용할 방책을 자세히 기술하라고 요구했다.

'음직'이란 고위직을 지냈거나 큰 공을 세운 사람의 후손을 과거시험 면제 후 곧바로 관리로 특채하는 제도다. 정약용은 이 제도를 재야에 은거한 인재를 등용하는 수단으로 활용하자고 제안한다.

당시 과거시험이 암기에 치우치고 진정한 학문을 닦기보다 합격 위주의 형식적인 공부를 요구하다 보니, 뜻 있는 선비들은 과거 응시 자체를 거부하고 있었다. 따라서 이들 중 청렴함과 재능이 드러난 사람을 음직에 등용하고, 승진에 제한을 두지 않음으로써[63] 좋은 인재를 발굴하는 통로로 삼자는 것이다.

이와 함께 정약용은 중국에서 노비나 개가改嫁[64]한 어머니 밑에서 훌륭한 인물이 탄생한 사례를 들며 조선의 법과 풍속을 바꿔야 한다고 주장했다.

서얼과 농부, 상인, 소외된 지역의 선비들에 대해서도 "이윤伊尹은 농사꾼 출신이었으나 탕왕이 등용해 왕도王道를 이뤘고 범여范蠡는 장사꾼으로 자랐으나 월나라가 등용해 패업覇業을 달성했으니, 농사나 장사하는 천인賤人에게도 경세의 선비가 없지 않았습니다." "마땅히 편리한 방법을 별도로 연구해 각기 관직에 나설 수 있는 길을 열어야 합니다."라고 말한다.

상(은)나라를 건국한 탕왕을 보좌해 탁월한 정치를 펼친 명재상 이윤과 월나라 왕 구천이 오나라를 무너뜨리고 패업을 이루게 한 전략가 범여는 각기 농부와 상인 출신이었으니, 이들이 만약 조선에서 태어났다면 별다른 이름을 남기지 못한 채 사라졌을 것이다. 그러니 이제라도 적극적으로 발굴하고 뜻을 펼칠 수 있는 기회를 줘야 사장되는 인재가 없으리라는 것이다.

마지막으로 정조는 "사람을 등용하는 방법이 치우치고 사사롭다면 어찌 나라가 나라다운 면모를 갖추겠는가?"라며, 공정하

---

63 원래 과거시험을 보지 않은 음관은 승진에 상한선이 있었다.

64 『전록통고典錄通考』에 따르면 1485년(성종 16년) 『경국대전經國大典』을 반포한 이래 재가녀再嫁女의 자손은 동반직과 서반직에 서용할 수 없었다. 1785년(정조 9년)에 편찬한 『대전통편大全通編』에도 "재가하거나 행실이 부정한 부녀자의 아들과 손자, 서얼의 자손에겐 문과 및 생원시와 진사시에 응시하는 걸 허락하지 않는다."라고 규정되어 있다.

고 투명하게 인재를 발탁하는 방법에 대해 의견을 물었다.

여기에 대해 정약용은 "붕당을 제거하지 않고선 결코 전하의 뜻을 이루지 못할 것입니다."라고 단언했다. 그는 붕당이 겉으로 갖은 명분을 내세우고 있지만 실제로는 더 많은 권력과 부귀를 차지하기 위해 싸우고 있을 뿐이라고 봤다. 이익을 위해 힘을 모으고 힘을 모으기 위해 무리를 이루며 자기 편이 아닌 사람은 모함하고 배척하니, 이러한 풍조를 통렬히 개혁하지 않는 한 공정하고 투명한 인재 발탁은 요원하다는 것이다.

정약용은 정조가 비록 탕평책을 실시하고 있지만 서북 지방[65]의 선비 등 소외된 사람들에 대해선 관심을 두지 않고 있다며, '살피지 못한 사람들이 없는' 진정한 탕평책을 시행해야 한다고 건의했다.

소외되고 사장되는 인재가 없게끔

정조의 책문과 정약용의 대책은 현대의 인사 업무에서도 참고할 지점이 있다. 부처의 장관을 오래 재임하게 해 전문성과 업

---

65 서북 지역(평안도)은 조선시대 내내 차별을 받았다. '홍경래의 난'이 발생하는 원인이 된다.

무 연속성을 확보하자는 주장은 비록 새로운 건 아니지만, 여전히 제대로 이행하지 못하는 부분이다. 장관의 재임 기간이 2년을 넘기는 일이 드문 현실을 개선한다면, 순환보직 제도가 초래하는 단점을 일정 부분 해소할 수 있을 것이다.

아울러 기존의 틀과 관행에서 벗어나 소외되거나 숨어 있는 인재를 찾아내 발탁할 방법을 다각도에서 모색해야 한다. 다른 책문과 대책에서도 반복되고 있는 이야기지만, 특히 리더는 인재를 등용할 때 놓치고 있는 부분이 없는지 항상 면밀하게 살펴야 할 것이다.

아울러 중요한 전제가 있다. 인재는 어느 곳에나 어디에나 있다는 사실이다. 신분, 지위, 지역을 막론하고 인재가 나올 수 있다는 사실을 명심해야 사장되는 인재가 없고 소외되는 인재가 없게 된다. 편견을 갖지 말고 차별하는 마음을 버려야 하는 것이다. 뻔한 이야기라 생각할 수도 있다. 하지만 이러한 자명한 사실을 잊어버리기 때문에 인재가 부족하다며 불평하는 것이다.

18장

말뿐이 아닌 진정성 있는
의지를 보여라

× 철종이 묻고 김윤식이 답하다 ×

1862년 철종 13년, 전국 각지에서 농민들의 봉기가 잇따랐다. 조정의 무능과 관리들의 탐학, 사회모순의 심화로 고통받던 백성들이 참다못해 궐기한 것이다. 음력 2월 단성과 진주를 시작으로 경상도, 전라도, 충청도를 거쳐 경기도, 황해도, 함경도, 심지어 먼 제주도까지 반란의 물결이 휩쓸었다.

당시 가장 큰 이슈는 토지 조세 수취 행정인 전정田政, 군역 행정인 군정軍政, 환곡 행정인 환정還政이 제대로 작동하지 않고 백성에게 큰 부담을 주고 있다는 점이었다.

군정의 경우, 영조가 군비 충당을 위해 백성에게 부과하는 군포軍布를 1필로 줄여주는 균역법均役法을 단행한 바 있으나 지방에서 군포 감필에 따른 경비 부족을 감당하지 못하고 부담을 다시 백성에게 전가하면서 폐단이 깊어졌다.

환곡은 본래 춘궁기에 쌀을 빌려주고 가을 수확기에 환수하는 제도인데, 조선 후기에 들어서며 백성의 의사와 상관없이 강제 의무화되면서 반발을 샀다. 빌리고 싶지 않거나 빌릴 필요가 없는 사람도 무조건 빌려야 했다.

더욱이 빌려줄 때는 겨나 모래가 섞인 나쁜 품질의 쌀을 내어주고 돌려받을 땐 양질의 쌀을 요구했다. 이자로 10%를 받기도 했으니 백성의 불만이 클 수밖에 없었다.

여기에 고을 수령과 아전, 토호土豪가 개입해 농간을 부리고 이익을 탐하며 백성을 수탈함으로써, 분노에 불이 붙어 걷잡을 수 없게 된 것이다.

조정은 당황했다. 전국 각지에서 백성이 동시다발로 봉기한 건 조선 왕조가 창업한 이래 처음 있는 일이었다.

놀란 조정은 전정, 군정, 환정을 개혁하는 '삼정이정청三政釐正廳'을 설치해 문제를 바로잡겠다고 선언했다. 또한 민란이 일어난 지역에 안핵사按覈使와 위무사慰撫使를 파견해 사태를 수습하고 민심을 다독이고자 했다.

같은 해 6월 12일에는 전국의 벼슬아치와 유생을 대상으로 삼정의 폐단을 바로잡을 대책을 묻는 특별 시험을 시행했다. 이번에 살펴볼 김윤식의 답안[66]은 바로 이때 제출된 것이다.

전하의 책문이 내려오자, 이 소식을 들은 사람들은 하인이나 여인들조차도 형식적인 겉치레에 불과하다고 지적하지 않는 이가 없고 식견이 있는 이들은 도리어 이 때문에 백성의 신뢰를 잃어버릴까 봐 걱정하고 있습니다. 비유하자면, 음식을 가지고 배고파 우는 아이를 달래놓고서 즉시 먹을 걸 주지 않아 화가 치밀어 오르게 만드는 것과 같습니다. 더구나 지금 나라의 형세는 이미 극심하게 쇠미해진 탓에 대경장大更張을 추진하고자 해도 끝내 궁색해져 뜻밖의 우환이 생길까 걱정됩니다. 이에 신은 개탄스러운 마음을 금하지 못하고 거듭 우려하며 의혹을 품고 있습니다.

해결의 실마리는 전정에 있다

김윤식은 서두에서부터 철종의 조치를 비판하고 있다. 그가 보기에 철종과 조정 대신들은 말로만 상황을 때우려 할 뿐 문제를 해결할 의지가 없다. 특별기구로 만든 삼정이정청도 정당한 부세 외에 토지에 추가로 세금을 부과하는 걸 금지한다는 원론적

---

66 김윤식, 『운양집雲養集』 7권, 「삼정책三政策」.

인 처방만 내놓았을 뿐이다.

어떻게 해야 할까? 김윤식은 해결의 실마리가 '전정'에 있다고 생각했다. 백성이 안정된 생활을 영위하려면 일정한 소득이 필요하다. 이를 위해선 재산세이자 소득세에 해당하는 전세田稅부터 바로잡아야 한다.

게다가 조선 후기에 대동법大同法이 도입되면서 백성이 자신이 사는 지역의 토산물을 나라에 바치던 '공납'이 전세화되는 등 전세의 비중이 더욱 높아졌다. 전정이 투명하게 운영되지 못하고 과중하게 부과되거나 혹은 중간에 누가 착복이라도 하면 백성이 곧바로 크게 고통받는 구조다.

김윤식이 지은 『운양집』
ⓒ한국민족문화대백과사전

철종 대의 상황이 그러했는데, 은루결隱漏結[67]이 늘어나면서 그에 따른 결손분을 백성에게 떠넘기는 일까지 비일비재했다.

'전정'을 바로잡는 일은 비단 백성에게만 도움이 되는 게 아니다. 조세 수입의 절대적인 비중을 차지하는 전세를 정돈해야 국가 재정을 튼튼하게 만들고 예산을 투명하게 집행할 수 있다. 예컨대 양전量田, 즉 토지 조사 사업을 시행해 은루결을 빠짐없이 찾아내 세금을 부과하면 백성의 부담을 줄여줄 뿐 아니라 나라의 재정 수입도 늘어난다.

하지만 철종은 말로만 전정을 개혁해야 한다고 언급할 뿐 의지를 보여주지 않았다. "진실로 양전하려면 먼저 적임자를 찾고자 힘써야 하고 그다음으로 비용을 마련해야 한다. 그러나 인재는 이미 옛날에 미치지 못하고 재력은 또 어디에서 마련하겠는가?"라며 탄식만 하고 있을 뿐이었다.

그리고 철종은 "왕실과 조정의 경상 비용을 줄이기도 어렵고 백성을 구제하기도 어려우니 어찌해야 하는가?"라고 물었는데, 김윤식이 보기에 무책임한 태도였다. 그는 "나라를 다스리고 집안을 이끄는 사람은 적은 걸 걱정하지 않고 균등하지 않음을 걱정해야 하며, 가난함을 걱정하지 않고 불안함을 걱정해야 하는

---

67 은결隱結과 누결漏結을 합친 말로, 탈세하고자 고의로 숨기거나 면세전免稅田으로 조작한 토지를 말한다. 조세 수취를 담당하는 관리들이 부정한 방법으로 착복한 일도 많았다.

법"이라고 주장했다.

지금 절실하게 해야 할 일은 첫째, 조세를 균등하고 공평하게 부과하는 것이고 둘째, 백성이 나라를 신뢰하게 만드는 것이다. 그리되면 백성은 비록 풍족하지 못해도 앞날을 두려워하지 않는다. 하지만 지금은 "균등하게 하는 방법이 마땅함을 얻지 못하고 있으므로" 이를 최우선으로 해결해 백성의 믿음을 얻어야 한다고 봤다. 김윤식은 중국 송나라 때 왕안석이 조세 불균형을 해소하고자 시행했던 '방전법方田法'68을 대안으로 제시했다.

해결의 종착점은 왕의 의지

그런데 아무리 훌륭한 대책이 있더라도 왕과 조정의 태도가 달라지지 않으면 소용없다는 게 김윤식의 생각이었다. 그는 조정 일각의 "요사이 백성의 풍속이 무너져 새 법을 시행하면 소요와 격변을 불러오기 쉽다."라는 주장을 강하게 비판했다. 자신들의 사사로운 욕심 때문에 개혁을 저지하려 들면서 겉으로는 백성

---

68 매년 고을 수령이 토지를 측량해 비옥도에 따라 5등급으로 나눠 과세하게 한 제도다. 대지주들의 반발로 전국 확대에는 실패했지만, 조세 부과 대상에서 빠진 토지를 찾아내 국가 재정 확충에 이바지했다.

핑계를 댄다는 것이다.

김윤식은 백성의 풍속이 무너진 게 누구 탓이냐고 묻는다. 위정자들이 백성의 항산恒産, 즉 일정한 소득을 마련해주지 못했기 때문이니 정말로 백성을 사랑한다면 지금 당장 전정을 과감히 개혁해야 한다는 것이다.

다음으로 김윤식은 철종이 인재가 없다고 한탄한 걸 지적했다. "인재를 얻는다는 게 은나라의 부열이나 주나라의 여상 같은 사람을 말함입니까? 그래야만 양전을 할 수 있겠습니까?"라고 되묻는다. 부열이나 여상은 중국 역사에서도 손꼽히는 명재상들이다. 몇백 년에 한 번 나타날까 말까 하는 인재가 없어 지금의 과업을 실행할 수 없다는 건 핑계에 불과하다는 것이다.

김윤식은 전정이나 양전 업무는 사사로운 욕심이 없고 공정한 마음을 가진 사람이라면 충분히 감당할 수 있다며, 지금도 그런 인재가 분명히 존재하지만 왕이 등용하겠다는 의지가 없을 뿐이라고 했다.

또한 김윤식은 철종이 왕실과 조정의 비용을 줄이기 어렵다고 말한 것도 잘못이라고 비판했다. 그가 보기에, 지금은 임금 혼자서만 사치하지 않을 뿐 왕실과 조정에는 뇌물이 횡횡하고 사치가 만연하다. 예전보다 국가의 수입이 줄었는데 지출은 더 커졌으니, 나라 살림이 어려워진 건 당연하다.

김윤식은 옛날 영조가 재정 지출 기준을 바로잡고 국가에서 사용하는 비용을 체계적으로 절감해 돈 수십만 전을 절약한 사례를 예로 들며, "쓸모없는 관청을 줄이고 쓸모없는 관리를 도태시키며, 사치를 금하고 경조사비를 절제하며, 나라에서 전매하는 상품에 세금을 부과해 경비에 보충하라."라고 건의했다.

그러며 무엇보다 임금이 확고하게 뜻을 세우고 의지를 다져야 한다고 주문했다. "임금이 게을러선 나라 꼴을 이룰 수 없고, 흐릿해선 백성에게 내보일 수 없으며, 공명정대하지 않고선 제대로 완성할 수 없다."라는 게 그의 생각이다.

아울러 "아는 게 어려운 것이 아니라 실천이 어렵다."라면서 "실천했는데도 마땅함을 얻지 못했다면 아는 게 부족해 그런 것"이니 통렬하게 반성해야 한다고 간곡히 진언했다.

김윤식은 삼정이 수백 년, 수천 년 전부터 시행되어 온 제도인데 유독 지금 시점에 폐단이 심한 까닭이 무엇이겠냐고 묻는다. 나라에서 이 제도를 잘못 운용한 탓이고 왕이 잘못을 바로잡지 못했기 때문이라는 것이다.

그렇다고 김윤식이 '모든 일은 임금이 수양에 힘쓰고 마음가짐을 바르게 하면 자연스레 다 해결된다'라는 식으로 추상적인 접근을 한 건 아니다. 그는 삼정의 세부 사항과 자세한 수치를 거론하며 현실에서 실천할 수 있는 정책 대안을 제시했다. 다만 대안이 있더라도 임금이 의지를 보이지 않고 정치가 바뀌지 않으면 소용이 없다는 점을 강조한 것이다.

오늘날도 마찬가지 아닐까? 구성원을 힘들게 하고 공동체의 존립마저 위협할 수 있는 중대한 문제가 발생했다고 하자. 그래서 리더가 공동체 차원의 대응을 주문했다고 하자. 하지만 리더를 비롯한 관리자들이 기존의 방식을 바꾸지 않고 상황 탓을 하며 문제를 극복하려는 의지를 보이지 않으면 어떻게 될까?

아무리 탁월한 대책이 제안된다 한들 효과가 없을 것이다. 문제 해결을 위해선 리더의 올바른 상황 인식과 적극적인 태도, 실천이 중요하다는 게 김윤식의 대책이 주는 교훈이다.

김윤식은 누구인가

김윤식(金允植, 1835~1922). 호는 운양雲養으로 김홍집, 어윤중과 함께 온건개화파를 대표하는 인물이다. 예조판서, 병조판서, 외부대신을 역임했으며 아관파천 직후 11년간 유배 생활을 하기도 했다. 국권이 피탈된 이후에는 일본으로부터 자작 작위를 받고 조선총독부 중추원 부의장을 지내는 등 친일 행적을 보였으나, 3.1운동에 참여해 작위와 공직을 박탈당하고 2년 형을 선고받은 바 있다. 여담으로 한일 강제 병합 당시 김윤식은 '不可不可'라고 대답했는데, 마음이 내키진 않지만 도리가 없으니 찬성한다는 뜻의 '不可不 可'와 절대로 동의할 수 없다는 뜻의 '不可 不可'의 두 가지 의미로 해석이 가능하다.

부
록

본문에서 다루지 못한 대책 중에서 함께 읽고 싶은 대목을 골라 소개한다.

[성종이 묻고 김일손이 답하다]

나라의 중흥中興을 이루려면 어떻게 해야 하는가?

하나라의 소강少康[69]과 주나라의 선왕宣王[70]과 한나라 광무제光武帝[71]가 나라를 중흥시킬 수 있었던 이유는 용기와 지혜, 강직하고

---

69 하나라의 여섯 번째 군주로, 권력을 전횡하던 신하들을 제압하고 왕권을 되찾았다.
70 아버지 여왕厲王이 간신을 총애하고 폭정을 휘두르다 쫓겨난 후, 14년간의 공화제 시기를 거쳐 즉위했다. 어진 신하들의 도움을 받아 나라를 중흥시킨 명군으로 꼽힌다.
71 후한의 초대 황제다. 전한 말기의 혼란을 수습하고 전국 각지의 반란군을 평정해 한나라의 부흥을 이뤄냈다.

확고한 신념이 있었기 때문입니다. 소열제^{昭烈帝72}의 경우 광무제를 계승했으나 운수가 좋지 못했습니다. 주나라 평왕^{平王73}, 진나라 원제^{元帝74}, 송나라 고종^{高宗75}은 중흥을 이루지 못했는데, 우유부단하고 나약하며 겁이 많았기 때문입니다. (...) 오호라! 광무제를 본받아 자신을 수양하는 게 중흥을 위한 기본이며, 좋은 인재를 등용해 임무를 맡기는 게 중흥의 도를 이루는 방법입니다. 자신을 수양하지 못하는 자는 진실로 인재를 등용할 수 없으니, 자기 한 몸도 수양하지 못하는 사람을 위해 임무를 맡을 사람은 없습니다. 이것이 어찌 중흥을 원하는 군주에게만 해당하겠습니까? 후세의 군주가 소열의 불행과 숙종⁷⁶의 요행을 보고 운수 탓으로만 생각하고, 평왕과 원제와 고종과 순제⁷⁷가 중흥을 이루지 못한 게 당시 형세가 따르지 않았기 때문이라고 여기고, 소강

---

72 촉한의 황제 유비를 말한다.
73 주나라 유왕이 견융족에게 죽임을 당하고 수도가 함락되자, 제후들에 의해 추대되었다. 평왕은 도읍을 낙읍으로 옮겼는데, 이때부터 동주東周라고 부른다. 춘추시대가 시작되는 시점이기도 하다.
74 사마의의 증손자로, 서진西晉의 마지막 황제 민제가 이민족에게 죽임을 당하자 망명정부를 세우고 황제가 되었다. 동진東晉의 첫 번째 황제.
75 송나라의 황제 흠종과 상황 휘종이 금나라에 포로로 붙잡히자, 남쪽으로 내려가 황제가 되어 송나라를 재건했다. 이른바 남송南宋의 초대 황제다.
76 당나라 숙종을 말한다. 아버지 현종이 초래한 혼란을 수습하고자 당나라 황실을 재건했으나 많은 실책을 저질렀다.
77 원나라 순제를 말한다. 고려인인 기황후의 남편으로 잘 알려져 있다. 원 제국의 황혼을 막지 못하고 중원에서 쫓겨났다. 원의 마지막 황제이자 북원의 군주다.

김일손이 지은 『탁영집』
ⓒ한국민족문화대백과사전

과 선왕과 광무제가 자신을 수양하고 남을 등용하는 일에 탁월했다는 점을 알지 못한다면, 큰 잘못이 아닐 수 없습니다. 그러므로 거듭 반복해 말씀드리니 불행하다고 태만하지 말고, 도道를 남김없이 실천하고자 스스로 힘쓰며, 창업이 쉽지 않고 중흥 또한 어려운 일이라는 걸 유념해, 나라를 잘 유지하고 지켜내 스스로 중도에 쇠퇴하는 지경에 이르지 말아야 할 것입니다. 그러한다면 누가 굳이 중흥할 필요가 있겠습니까?

김일손(金馹孫, 1464~1498)의 문집 『탁영집濯纓集』 5권의 「중흥대책中興對策」에서 가져왔다. 사림의 영수 김종직의 제자로 1486년 과거에 급제한 후 홍문관, 사간원, 사헌부 등 삼사의 관직을 두루 거쳤다. 사관 시절에 기록한 사초史草에 세조의 정통성을 문제 삼고 권력자들을 부정적으로 기록한 내용이 담겨 있어, 훗날 무오사화를 촉발하는 계기가 된다. 무오사화 때 처형당했으며, 종종반정이 일어난 후 복권되었다.

[중종이 묻고 조광조가 답하다]

훌륭한 정치를 펼치기 위한 급선무는 무엇인가?

이제껏 임금 혼자 나라를 다스린 적은 없습니다. 반드시 대신에게 임무를 맡긴 뒤에야 다스리는 도가 세워졌습니다. 임금이 하늘이라면 신하는 사계절과 같으니, 하늘이 스스로 움직이고 사계절이 운행하지 않으면 만물이 이뤄지지 않습니다. 임금이 스스로 맡아 하고 대신의 보좌가 없으면 모든 교화는 일어나지 않습니다. 단순히 이뤄지지 않고 일어나지 않을 뿐 아니라, 하늘이 스스로 움직이고 임금이 스스로 맡아서 한다면 하늘이 되고 임금이 되는 도를 크게 잃어버리고 맙니다. 더욱이 이미 대신의 자

조광조가 지은 『정암집』
ⓒ한국민족문화대백과사전

리를 설치해놓았으면서 문서를 처리하는 일 따위를 업무로 맡기고 있습니다. 또한 소인배 신하들이 살피는 것만 믿고 나라에 필요한 일들을 저지하니, 임금이 신하를 쓰는 도리를 얻지 못하고 신하가 임금을 섬기는 방법을 얻지 못해 임금과 신하의 도리가 사라졌습니다. 그런 까닭에 옛날 성군과 어진 재상들은 뜻을 정성스럽게 해 서로를 신뢰하니, 다스리는 도리를 남김없이 실현해 함께 바르고 크고 밝은 대업을 이룰 수 있었습니다. 엎드려 원하옵건대, 전하께선 대신을 존중하고 예우해 정사를 맡기시고, 기강을 어느 정도 확립하고, 법도를 어느 정도 정하셔서, 훗날 큰 근본이 바로 서고 큰 법도가 실현되는 토대를 다지소서.

조광조(趙光祖, 1482~1520)의 문집 『정암집靜菴集』 2권 「알성시책謁聖試策」에서 확인할 수 있다. 1515년에 열린 알성시에서 합격하며 중종의 눈에 든 조광조는 이후 예조정랑, 사간원 정언, 홍문관 부제학, 승정원 동부승지를 거쳐 1518년 사헌부 대사헌에 제수되었다. 3년 사이에 파격적인 승진을 거듭한 것이다. 중종이 훈구 세력을 견제하고자 조광조와 그를 따르는 사림을 의도적으로 키워준 것인데, 조광조가 중종의 통제 범위에서 벗어나고 급진적인 개혁 추진으로 중종에게 부담을 주자 1519년 기묘사화를 일으켜 그를 숙청해버린다. 이때 조광조는 사약을 받아 죽었고, 많은 선비가 고초를 겪었다.

[명종이 묻고 홍성민이 답하다]

인재를 육성하는 방법은 무엇인가?

인재는 저절로 넘쳐나지 않습니다. 인재가 넘쳐날지는 위에서 어떻게 가르쳐 인도하냐에 달려 있습니다. 훌륭한 교화는 저절로 행해지지 않습니다. 몸소 실천하는 덕을 닦는 데 달려 있습니다. 진실로 덕을 닦아 밝은 도道의 근본으로 삼고 훌륭한 교화를 펼쳐 인재를 진작시키는 방책으로 삼는다면, 인재 육성은 이

홍성민이 지은 『졸옹집』
ⓒ한국민족문화대백과사전

미 반 이상 행한 것입니다. (...) 신의 생각으로는, 전하께서 인재를 진작시키려는 마음이 지극하지 않은 건 아니지만 해오던 대로만 답습하시며 실질적으로 인도하고 구체적으로 도와주는 실상을 볼 수 없습니다. 그러니 성의가 있다고 말할 수 있겠습니까? 전하께서 인재를 깨우쳐 인도하려는 노력이 게으른 건 아니지만 헛된 글만 일삼으며 몸소 실천하는 실상을 보여주시지 않았으니, 어찌 성의가 있다고 말할 수 있겠습니까? 이러니 선비들이 날로 오염되는 게 이상하지 않고, 인재가 날로 비천해지는 게 이상하지 않습니다.

홍성민(洪聖民, 1536~1594)의 문집 『졸옹집拙翁集』 6권에 「전책殿策」이란 제목으로 실려 있다. 서경덕과 이황의 문하에서 배웠는데, 당파는 서인에 속했다. 대사헌, 예조판서, 예문관 대제학을 역임했으며 종계변무(宗系辨誣, 명나라 역사서에 태조 이성계의 아버지가 이인임으로 잘못 기록된 걸 바로 잡은 것)를 성공시킨 공으로 광국공신에 봉해졌다. 임진왜란 와중에 눈을 감았다.

[명종이 묻고 이이가 답하다]

도적이 생겨난 이유와 이들을 잡아 없앨 계책을 말하라

도적도 처음에는 백성이었습니다. 백성도 언제든 도적이 될 수 있습니다. 인정상 누군들 죽음을 싫어하고 살기를 좋아하지 않겠으며, 편안하길 바라고 위태로움을 버리려 들지 않겠습니까. 그런데 살고 싶고 편안하길 바라는 마음이 있으면서도 감히 죽음을 향해 내달리며 위태로운 곳으로 가려는 계획을 세우는 건, 견디지 못할 깊은 사정이 있는 경우가 아니라면 차마 그리하진 못할 겁니다. 울림은 소리 없이 생겨나지 않으며 그림자는 반드시 형체가 있어야 움직이는 법이니, 망령된 생각이지만 저는 도적의 발생도 반드시 이유가 있으리라고 생각합니다. 지금 임금께서 백성을 품고 보호하는 도리를 남김없이 다하고 계시지만, 측근 신하 중에서 백성이 그 은택을 제대로 입지 못하는 걸 마치 자신이 저잣거리 한가운데서 회초리를 맞는 것처럼 부끄러워하는 이가 몇 사람이나 있습니까? 만백성이 혜선惠鮮[78]의 덕화를 우러르고 있는데, 수령으로서 소나 양을 치는 목자牧者를 본받아 그 죽음을 가만히 서서 보고만 있지 않을 이가 몇 사람이나 있습니까? 구중궁궐 안에선 식사할 겨를도 없는데, 궐문 밖에선 임금의 은택이 흐르지 않고 있습니다. 불쌍한 우리 백성은 도대체 무슨 죄를 짓고 무슨 허물이 있길래, 그 은택을 과중한 세금으로 다 빼앗겨버리고 육신은 무거운 부역으로 고통받고 있는 겁니까? 장마와 가뭄이 번갈아 계속되어 기근이 닥치는 바람에 베틀이 놀고 있으며 골짜기의 익모초가 습한 데도 말라가는 지경[79]에 이르렀으니, 들판에 굶어 죽는 사람이 나와도 외로운 슬픔을 구원해주려는 이가 없습니다. 백성이 생활할 만한 돈이 없다 보니 본연의 마음을 잃어버리고 굶주림과 추위가 몸에 절박해지자 염치를 돌아보지 않고 일어나 도적이 된 것이니, 어찌 본심이겠습니까? 『주역』에서 말하길 "나의 정치를 보고 싶거든 내 백성을 보라."라고 했습니다. 도적이 그치지 않는 걸로 작금의 정치

---

78 굶주리고 불쌍한 백성들에게 은혜를 베풀어 생기 있게 만드는 것.
79 『시경』의 구절로, 부부의 정이 날로 쇠약해져 기근이 들자 서로를 버렸다는 의미다.

이이가 지은 『율곡전서습유』
ⓒ한국민족문화대백과사전

를 살핀다면, 제대로 하지 못하는 일이 있어서이지 않겠습니까? 백성이 도적이 된 원인을 찾지 않고, 백성을 그렇게 만든 폐단을 고치지 않고, 깡그리 잡아 없애려고만 한다면, 비록 한 지방의 소굴은 소탕해 뒤엎을 수 있겠지만 항심恒心을 잃어버리고 멋대로 하는 백성이 또 도적이 되지 않으리라고 보증할 수 있겠습니까.

이이(李珥, 1536~1584)의 문집 『율곡전서습유栗谷全書拾遺』 6권 「도적책盜賊策」에서 확인할 수 있다. 조선을 대표하는 경세가이자 석학으로 생원시와 진사시뿐 아니라 대과 초시, 복시, 전시에서 모두 장원을 했다. 그 과정에서 다양한 대책문을 남긴 바 있다.

[광해군이 묻고 이명한이 답하다]

왜 섣달 그믐밤이 되면 마음이 서글퍼지는가?

옛사람들이 섣달 그믐밤을 지새우며 느꼈던 감회를 헤아려 말씀드렸습니다. 저의 감회는 이런 것들과는 다릅니다. 우임금이 아주 짧은 시간이라도 소중히 생각했던 건 어째서겠습니까? 주공이 밤을 새우고 아침을 맞이했던 이유는 무엇이겠습니까? 저는 덕을 수양하지 못하고 학문에 통달하지 못한 점이 늘 서글펐으니, 아마도 죽기 전까지 하루도 유감스럽지 않은 날이 없을 것입니다. 한 해가 저무는 걸 보는 감회는 유감 중에서도 유감입니다. 그래서 저는 이를 가지고 스스로 마음에 경계로 삼습니다. "세월이 흘러가는 게 이와 같아서 내 곁에 머물지 않는다. 죽을 때가 되었는데도 다른 이의 칭송을 받지 못하는 걸 성인^{聖人}께선 싫어하셨다. 살아서 볼 만한 점이 없고 죽어서 전해지는 게 없다면, 풀과 나무가 썩는 것과 무엇이 다르겠는가? 후진을 성실히 지도해 차이가 없게 하고, 학문의 조예를 깊게 해 힘써 실천하며, 등불을 밝혀 밤늦게까지 공부하고, 쉼 없이 평생을 보내자. 그리하면 마음을 가라앉히고 깊이 생각하며 반복해 공부하느라 장차 늙어가는 것도 모른 채 때가 되면 순순히 죽음을 받아들일

이명한이 지은 『백주집』
ⓒ한국민족문화대백과사전

것이니, 무슨 유감이 남겠는가?"

이명한(李明漢, 1595~1645)의 문집 『백주집白洲集』 20권에 「문대問對」라는 이름으로 실려 있다. 광해군이 폐위되었기 때문에 '책策'이라는 표현을 삭제한 것으로 짐작된다. 이명한은 조선 인조 때 활동했던 문신으로 성리학뿐 아니라 문장과 글씨에도 뛰어난 실력을 보였다. 예조판서와 이조판서 등을 역임했으며 청나라에 대항한 척화신斥和臣으로 지목되어 청나라 수도 심양瀋陽에 억류당한 적도 있다. 아버지 이정귀, 아들 이일상과 더불어 삼대가 대제학을 지낸 것으로도 유명하다.

호굉胡宏[80]이 말하길 "천명天命을 의지하면 재앙을 만나도 두렵지
않고, 음란한 마음을 펼치고 폭정을 일삼는 자치고 망하지 않은
적이 없다."라고 했습니다. 주희朱熹가 말하길 "옛날 성군들은 재
앙이 닥치면 두려워하고 삼가며 덕을 수양하고 일 처리를 바르
게 했기 때문에, 재앙이 상서로움으로 변했습니다."라고 했습니
다. 엎드려 바라옵건대, 전하께선 호굉의 말을 경계로 삼으시고
주희의 말을 법도로 삼으시옵소서. 기왕의 실수는 깊이 경계하
시어 앞으로 다가올 날의 효과를 더하시고, 하늘을 공경하며 수
양하고 성찰하는 실제를 남김이 없도록 하시고, 백성을 어질게
대하고 그들을 품에 안고 지켜주는 실제를 다하시옵소서. 그리
하여 하나의 생각을 갖더라도 하늘을 공경하는 일에 어긋나는
점이 있을까 염려하고, 한 가지 일을 하더라도 하늘의 마음을 떨
쳐버리진 않을까 두려워하십시오. 실질적으로 하고 형식적으로

---

80 남송 시대의 유학자로, 인간의 본성은 선악善惡이 없다는 '성무선악설'을 주장했다.

하지 말며, 정성스럽게 하고 거짓을 용납하지 않으며, 조금이라도 끊어짐이 없게 하고, 잠시라도 태만함이 없게 하소서. 하늘이 만물을 낳는 도리를 체득해 살생을 꺼리고 살리길 좋아하는 어짊을 다하고, 하늘이 두루 덮어주는 도를 체득해 백성을 불쌍히 여기는 은혜를 베푸소서. 단 하나의 사물도 자신의 자리를 잃어버리지 않고, 단 한 사람도 원망을 품지 않을 것입니다. 그리하여 나라의 온 신하와 백성들로 하여금 모두 따뜻한 바람과 단비 속에서 춤추게 하소서. 그리되면 마음과 기운이 화평해 천지의 기운이 화합할 것이니, 어찌 재앙이 겹쳐 일어날까 봐 걱정하겠습니까?

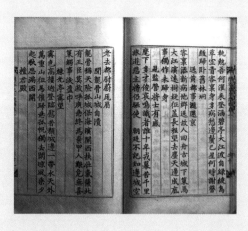

김육이 지은 『잠곡유고』
ⓒ한국민족문화대백과사전

김육(金堉, 1580~1658)의 문집 『잠곡유고潛谷遺稿』 10권에 「책문策問-경천지 도敬天之道」라는 제목으로 수록되어 있다. 김육은 광해군 때 당시 집권 세력 인 북인의 영수 정인홍의 독선에 맞서다가 과거 응시 자격을 박탈당했다. 낙 향해 농사를 지으며 은거하다가 인조반정이 일어난 후, 마흔여섯이라는 늦 은 나이에 과거를 봐서 장원으로 급제했다. 관직 생활 내내 대동법 시행과 확대를 위해 진력했으며 효종 때 영의정에 올라 국정을 총괄했다.

[인조가 묻고 오달제가 답하다]

화폐 유통을 활성화할 방안에 대해 말해보라

전하께서 법을 만드실 땐 백성을 이롭게 하겠다고 마음먹으시 고, 정사政事를 돌보실 땐 백성을 해치진 않는가를 염려하셔야 합니다. 항상 마음속으로 경계하시길, '나의 법이 백성에게 이로 운가 해로운가, 나의 정치가 백성에게 가혹한가 그렇지 않은가, 아래에 손해가 될 바에야 차라리 위에 손해를 입히고 백성에게 해가 될 바에야 차라리 나라에 해를 입힐 것이다'라고 생각하십 시오. 이와 같은 마음으로 전법(錢法, 화폐 제도)을 세우고, 이 법으 로 화폐를 사용하며, 백성이 이롭게 여기는 바를 행하시고, 백성이 괴롭게 여기는 바를 버리시옵소서. 억누르거나 찬양하고 폐기하거나 시행하는 과정이 백성의 이익과 함께하지 않음이 없다면, 백성들을 이롭게 해 돈이 쓰일 것이고 돈이 쓰이면 백성이 이로워질 것입니다.

> **오달제**는 본문에 이미 등장했기 때문에, 그에 대한 소개는 생략한다. 책문과 대책은 보통 전시에서 진행하는 시험 형식인데, 위의 글은 1633년에 시행한 문과 초시의 대책문이다. 이때도 왕이 직접 문제를 출제하고 답안을 요구한 것에서 볼 수 있듯, 화폐 유통 문제를 매우 시급한 일로 여기고 있었음을 알 수 있다.

[현종이 묻고 조창기가 답하다]

부국강병할 방도를 논하라

백성은 나라의 근본이니, 백성을 돌보지 않고 나라를 다스리는 걸 전하께서 보신 적이 있으십니까? 인은 정치의 시작이니 인을 베풀지 않고 능히 정치를 행하는 걸 전하께서 보신 적이 있으십니까? 먼저 백성의 삶을 돌보고 난 뒤에 교화해야 한다는 건

조창기가 지은 『조암집』
ⓒ한국민족문화대백과사전

맹자가 양혜왕에게 설명해준 것이며, 인에 근본을 두고 정치를 해야 한다는 건 위징이 당 태종에게 권장한 것입니다. 이 두 가지 말을 믿을 수 없다고 생각하신다면 모르겠지만, 믿을 만하다고 여기신다면 지금 마땅히 먼저 시행해야 할 건 이것 외에 또 무엇이 있겠습니까? 전하께선 측연하게 생각하시고 조심스레 두려워하시어 부국강병에 뜻을 두지 마시고, 오직 백성을 보호하는 일을 급선무로 여겨 각종 폐해를 통렬히 개혁하시고, 헛되이 쓰는 비용을 제거하시어 민심을 가엽게 여기시길 마치 내 살을 베어내듯 하옵소서. 백성의 생산을 위해 일하길 마치 배가 고플 때 먹이를 주듯 하시고, 백성을 사랑하길 마치 부모가 갓난

아이를 보호하듯 하며, 백성을 돌보길 마치 천지가 만물을 길러
내듯이 하여, 정성을 남김없이 다해 품고 달래며 혹시라도 늦진
않았을까 걱정한다면, 떠나고 흩어졌던 사람들이 편안히 여기
며 다시 모여들 것이고 병으로 고통받던 사람들은 노래를 부를
것이며 사람들의 생활이 넉넉해지고 집안이 풍족해지며 생산이
부유해질 것입니다.

> **조창기(趙昌期, 1640~1676)**의 문집 『조암집槽巖集』 3권에 「부강책富强策」이란
> 이름으로 수록되어 있다. 조창기는 1660년 현종 1년에 진사시와 문과 증광
> 시에 연달아 급제하고, 호조좌랑, 사헌부 감찰 등의 벼슬을 지냈다. 주위의
> 신망이 높았고, 경제에 관심이 많았다고 알려져 있다.

[숙종이 묻고 이의현이 답하다]

폐단 없이 편의便宜를 실현할 방도는 무엇인가?

신의 생각에 제왕이 정치하는 도리에는 진실로 바꿔선 안 될 올
바른 도리가 있고 한때의 편의로 쓰이는 게 있습니다. 옛날과 지
금의 다스리는 요체가 같지 않고 앞의 시대와 뒤의 시대에서 제

이의현이 지은 『도곡집』
ⓒ한국민족문화대백과사전

정한 법이 서로 달라, 옛날에 행해졌던 게 지금에는 꼭 적합하지
않고 앞의 시대에는 마땅했던 게 후대에도 꼭 그렇진 않습니다.
정치는 세속에 따라 혁신해야 하니 항구적인 걸 따를 수 없고,
때는 형세에 따라 변해야 하니 낡은 것에 집착할 수 없습니다.
그런즉, 편의를 구현할 방도는 진실로 나라에 없어선 안 됩니다.
이 때문에 옛날 성군들은 일이 가벼운지 무거운지 잘 헤아리고
무엇을 취할지 버릴지 기미를 살펴 한 시대의 다스림을 완성했
습니다. 이를 통해 후세에 드리운 병폐가 영구히 없었으니, 어찌
시의에 어두워 점차 부진한 사람들과 같겠습니까? 비록 그러하
나 한갓 편의가 귀한 줄만 알고 마음을 바로잡는 일을 근본으로

삼지 않으면, 어찌 실효를 거둬 좋은 정치와 교화를 이룰 수 있겠습니까? (…) 신이 엎드려 살펴보건대, 전하께선 성스러운 자질이 매우 뛰어나시나 마음의 덕이 순수하지 못하십니다. 법을 확립하고 제도를 정비하려는 전하의 뜻이 일찍이 성대하지 않은 적이 없지만, 목전의 안일함을 바라고 편안하게 즐기려는 생각이 때로 이를 저지하고 있습니다. 일찍이 분발하고 격려하는 뜻이 혁혁했으나, 정신이 쇠퇴하고 그럭저럭 세월만 보내려는 안일함에 뜻을 빼앗기고 있습니다. 이 때문에 일찍이 정치와 제도를 혁신하고자 하셨으나, 그 마음을 변치 않는 쇠붙이와 돌처럼 확고하게 만들지 못하신 것입니다.

이의현(李宜顯, 1669~1745)의 문집 『도곡집陶谷集』 26권의 「과책科策」에서 확인할 수 있다. 노론의 영수였던 이의현은 형조판서, 판의금부사, 영의정 등을 역임했는데, 노론의 이념과 이익에 충실하면서도 반대 당파에 대한 복수를 지양하고 청의淸議를 중시했다. 청백리로서도 명성이 높았다.

왕이 절박하게 묻고
신하가 목숨 걸고 답하다

초판 1쇄 발행 2025년 3월 21일
초판 2쇄 발행 2025년 3월 28일

지은이 | 김준태
펴낸곳 | 믹스커피
펴낸이 | 오운영
경영총괄 | 박종명
편집 | 김형욱 최윤정 이광민
디자인 | 윤지예 이영재
마케팅 | 문준영 이지은 박미애
디지털콘텐츠 | 안태정
등록번호 | 제2018-000146호(2018년 1월 23일)
주소 | 04091 서울시 마포구 토정로 222 한국출판콘텐츠센터 319호(신수동)
전화 | (02)719-7735   팩스 | (02)719-7736
이메일 | onobooks2018@naver.com   블로그 | blog.naver.com/onobooks2018

값 | 19,500원
ISBN 979-11-7043-626-3 03910